La France : les villes, les départements, les régions

au

vec te

e

comprendre le monde

des.

-tu que…

u est la seule boisson
pensable pour vivre.
aussi la meilleure
la santé.
oir l'enquête 42 page 68.

3 Je cherche.

4 Je dis ou j'écris ce que j'ai trouvé.

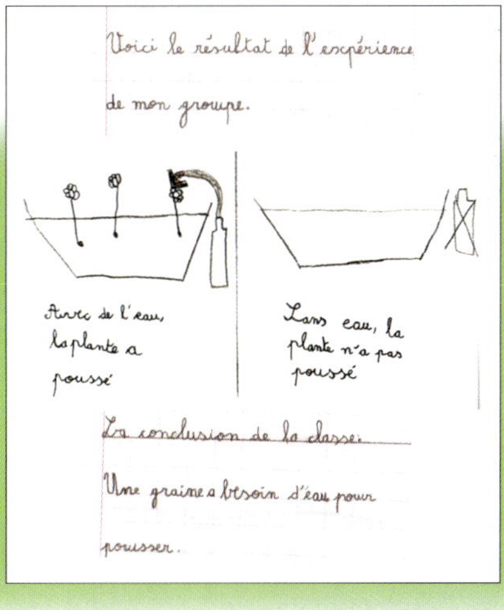
Voici le résultat de l'expérience de mon groupe.

Avec de l'eau, la plante a poussé

Sans eau, la plante n'a pas poussé

La conclusion de la classe.

Une graine a besoin d'eau pour pousser.

SOMMAIRE

▲ CP ▲ CE1

La matière et l'électricité

L'AIR

L'ÉLECTRICITÉ

L'EAU

Le monde vivant

L'ENFANT ET SON CORPS

LES VÉGÉTAUX ET LES ANIMAUX

L'espace

▲ CP ▲ CE1

Le temps

75 enquêtes

1 Comment faire du vent ?

1 *C'est l'automne. Le vent souffle et fait voler les feuilles.*

2 *C'est l'hiver. Le vent souffle et fait voler la neige.*

À ton avis

- Que fait le vent sur ces images ?
- Comment fais-tu, dans la réalité, pour savoir s'il y a du vent ?

À toi de chercher

- Lâche des morceaux de papier. Fais du vent pour qu'ils tombent loin de tes pieds. Trouve le plus de solutions possible.
Choisis du matériel pour t'aider.

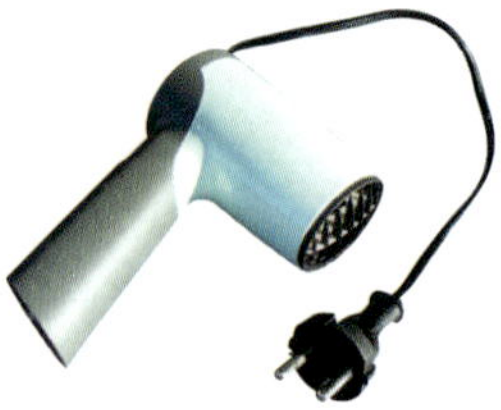

3 *un sèche-cheveux*

4 *une pompe*

5 *un soufflet*

6 *des élastiques*

7 *un gonfleur*

8 *de la ficelle*

2 Qu'est-ce que le vent ?

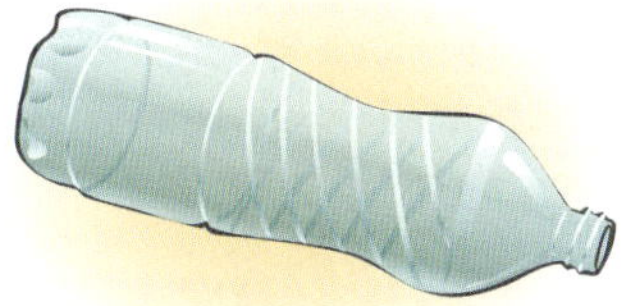

1 *Voici une bouteille en plastique.*

2 *Voici un sac en plastique.*

À ton avis

■ Ces récipients sont-ils vides ou contiennent-ils quelque chose ? Explique ton avis.

À toi de chercher

■ Comment faire du vent sur ton visage en utilisant le sac en plastique puis la bouteille ?

■ Comment faire des bulles dans de l'eau avec ces mêmes récipients ? Dessine l'expérience que tu as réalisée.

Fais le bilan

■ Explique ce qui s'est passé en employant le mot *air*.

■ Qu'y avait-il dans la bouteille et dans le sac en plastique ?

■ Qu'y a-t-il dans les bulles ?

■ Explique ce qu'est le vent.

Sais-tu que…

Tu as certainement déjà fait des bulles de savon. On a tort de les appeler comme ça. En réalité, ce sont des bulles d'air entourées par une paroi très fine d'eau savonneuse.

3 Qu'est-ce qui fait sauter le chapeau du clown ?

À toi de chercher

■ Fabrique un clown en t'aidant des photos.

1

- *une bouteille en plastique*
- *un rouleau en carton*
- *un demi-cercle en papier*
- *du papier crépon*

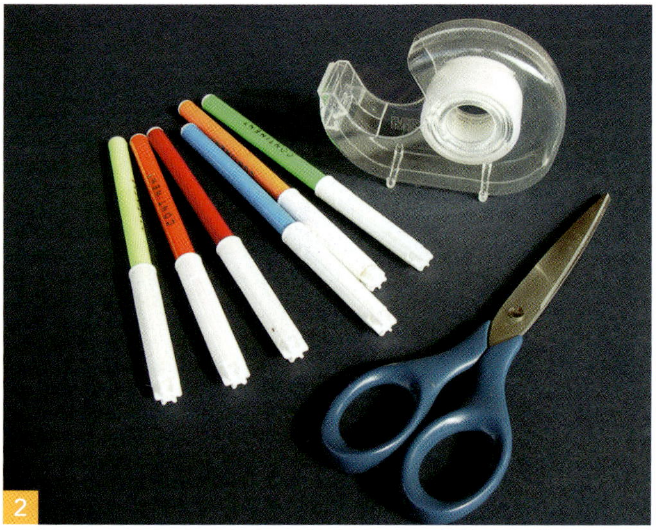

2

- *des ciseaux*
- *du ruban adhésif*
- *des feutres*

1. Dessine le nez, la bouche et les yeux sur le rouleau en carton.
2. Fixe le rouleau sur la bouteille.
3. Colle le papier crépon.
4. Fabrique le chapeau.
5. Pose-le sur la tête du clown.

■ Passe ta main sous la robe du clown et presse la bouteille. Que se passe-t-il ?

3

Fais le bilan

■ Explique ce qui fait sauter le chapeau du clown. Utilise ce que tu as appris dans les enquêtes 1 et 2.

4 Comment construire un planeur ?

LANGUE

Écris dans ton cahier ce que veut dire *planer* et ce que veut dire *voler*. Choisis entre ces deux phrases.

S'appuyer sur l'air pour tomber moins vite.

Utiliser un moteur ou faire des mouvements pour rester en l'air.

■ Donne des exemples en t'aidant des photos.

1

2

3

À toi de chercher

■ Fabrique un planeur en t'aidant des images.

1. Découpe un rectangle de papier en suivant les pointillés (photo 4).
2. Plie une aile dans un sens.
3. Plie l'autre aile dans l'autre sens.
4. Fixe un trombone sur la patte du milieu.
5. Essaye le planeur.

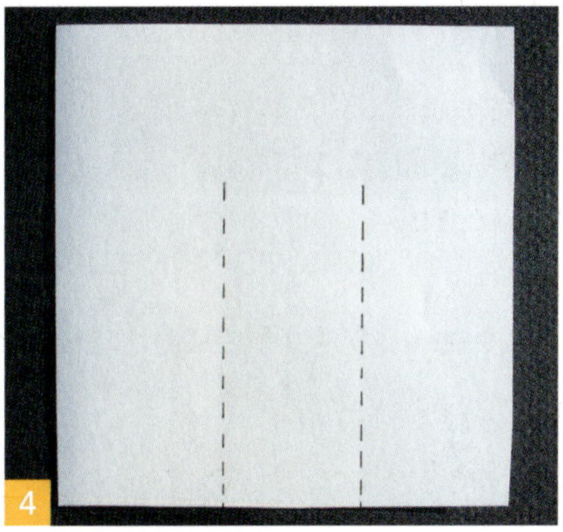
4

■ Étudie ton planeur :

- essaye sans trombone ;
- essaye avec plusieurs trombones ;
- plie les ailes plus ou moins ;
- augmente ou diminue la largeur des ailes ;
- raccourcis les ailes en les coupant.

5

Fais le bilan

Note sur ton cahier les résultats de tes expériences.

■ Construis un planeur qui reste en l'air le plus longtemps possible.

5 Comment transvaser de l'air ?

1 *Une cuisinière transvase du sucre en poudre.*

2 *Un peintre transvase de la peinture.*

LANGUE

- Observe les deux photos et lis les légendes.
- Fais une phrase en utilisant le mot *transvaser*.

À ton avis

- Il est facile de transvaser le sucre ou la peinture.

D'après toi, est-il possible de transvaser de l'air ?

À toi de chercher

3

- Comment ferais-tu pour transvaser l'air du sachet gonflé vers le sachet dégonflé ? Tu peux dénouer le sac gonflé et choisir du matériel :

■ Observe la photo 4.

Que se passera-t-il lorsque tu appuieras sur la bouteille ?

Donne ton avis en le justifiant.

Réalise l'expérience pour vérifier.

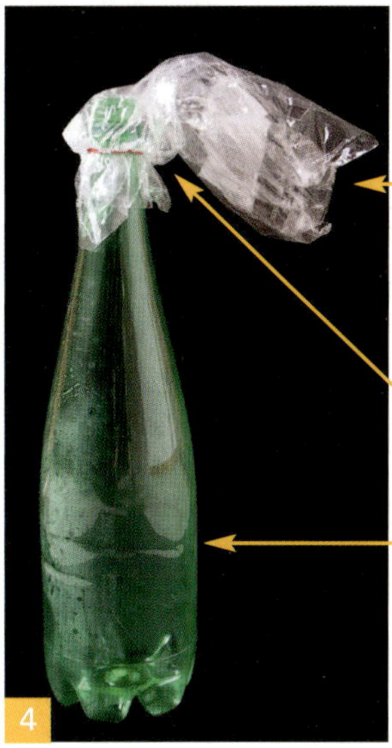

4

■ Que se passerait-il si tu faisais la même expérience avec une bouteille percée ? (photo 5)

Donne ton avis en le justifiant.

Réalise l'expérience pour vérifier.

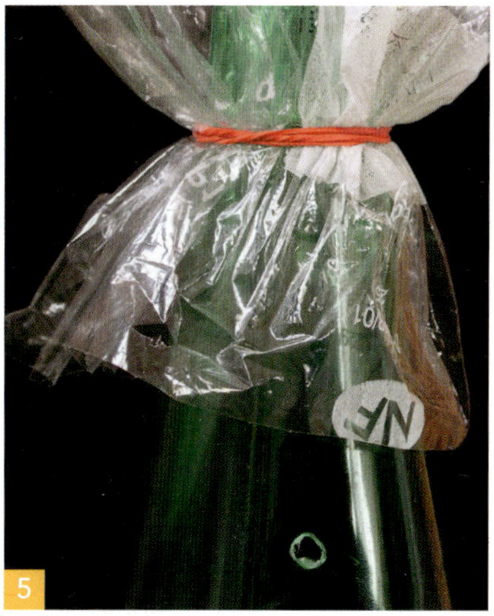

5

Fais le bilan

■ Dessine les expériences que tu as réalisées.

■ Trace des flèches pour indiquer le trajet de l'air.

Sais-tu que...

Lorsqu'il gonfle son ballon, cet enfant transvase de l'air depuis ses poumons jusque dans le ballon.

6 Comment savoir si le vent est fort ?

LANGUE

■ Choisis l'étiquette qui correspond à chaque image.
Explique ton choix en utilisant les mots suivants : *plier, arracher, casser, agiter.*

vent faible

vent fort

tempête

1

2

3

À toi de chercher

■ Imagine des expériences pour te rendre compte de la force du vent.
Aide-toi du matériel proposé.

4

du papier déchiré

5

un tourniquet

6

du papier accroché à un bâton

Choisis une expérience. Écris ou dessine ce qui se passe :
– quand le vent est faible ;
– quand le vent est fort.

7 Que faire en cas de tempête ?

■ Cette photo a été prise après une tempête.
Quels dégâts observes-tu ?

1

À ton avis

■ À quoi faut-il penser lorsqu'on annonce du vent fort ?

Fais la liste de toutes tes idées.

À toi de chercher

■ Écris sur des Post-it les mots suivants : *prudent, imprudent.*

Colle les Post-it qui conviennent sur les vignettes.

2

S'abriter sous un abribus.

3

Rentrer les pots de fleurs à l'intérieur.

4

S'abriter sous un parasol.

Fais le bilan

■ Complète la liste de tes idées.

Réalise une affiche avec tes camarades.

Présente-la aux autres classes.

Sais-tu que...

Au moment d'une tempête, le vent se déplace plus vite qu'une voiture.
En France, il y a parfois des tempêtes.
Heureusement, elles sont assez rares.

8 Comment sait-on d'où vient le vent ?

1

2

3

- Dessine des flèches sur des Post-it.

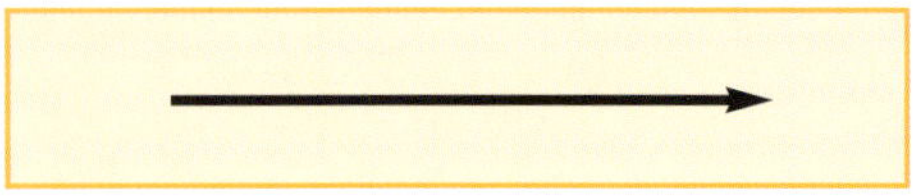

Des flèches indiquent la droite.

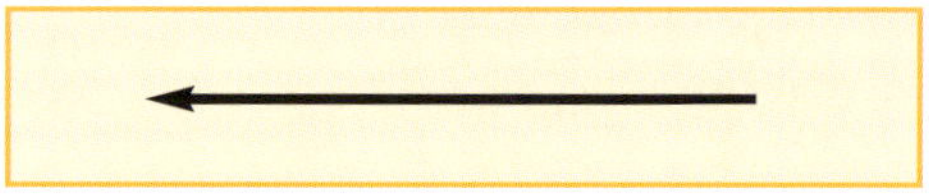

D'autres indiquent la gauche.

- Pose-les sur chaque photographie pour que la flèche indique le sens du vent.

▶ Comment construire une girouette ?

- Fabrique une girouette en t'aidant des dessins.

Le matériel

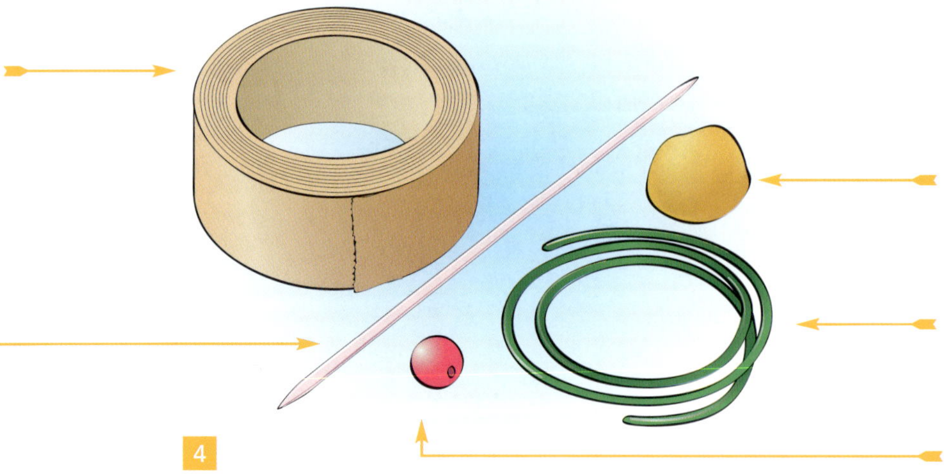

4

Les étapes de la fabrication

5

Faire un cadre avec le fil.

6

Recouvrir une partie du cadre avec le ruban adhésif.

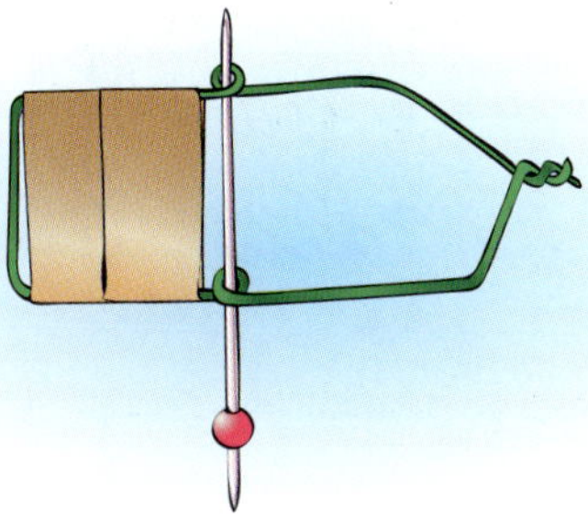

7

Enfiler la perle sur l'aiguille à tricoter puis l'aiguille sur le cadre.

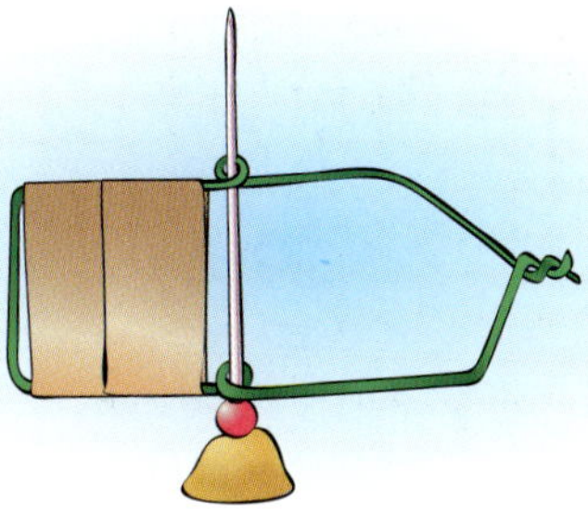

8

Fixer la girouette sur la pâte à modeler.

▶ Comment fonctionne une girouette ?

Pour bien comprendre, construis une deuxième girouette, comme celle du dessin 9.

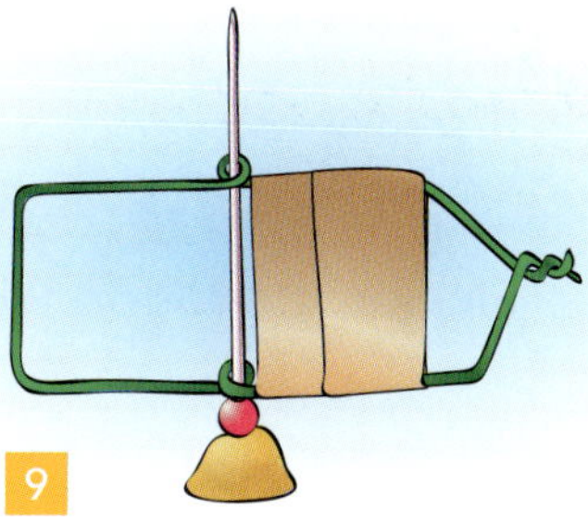

9

À ton avis

■ Les deux girouettes que tu as construites indiquent-elles le même sens ? Pourquoi ?

À toi de chercher

■ Essaye-les un jour où il y a du vent pour vérifier ce que tu penses.

Sais-tu que...

Il y a des girouettes dans presque tous les villages. Cherche-les sur le toit des maisons ou des églises. Dessine-les.

Je comprends mieux...

J'ai appris que...

● ENQUÊTES 1 ET 2

■ Le vent, c'est de l'air en mouvement.

▷ Retrouve les expériences qui le montrent.

● ENQUÊTES 3, 4 ET 5

■ L'air, c'est de la matière :
– il y a de l'air là où on ne voit rien, par exemple dans une bouteille « vide » ;
– il y a de l'air autour de nous ;
– les avions et les oiseaux s'appuient sur l'air pour voler ou pour planer ;
– en se déplaçant, l'air peut faire voler des objets ;
– on peut transvaser de l'air, tout comme le sucre ou la peinture.

▷ Retrouve plusieurs expériences où l'on transvase de l'air.

▷ Retrouve plusieurs expériences où l'on provoque un déplacement d'air.

● ENQUÊTES 6, 7 ET 8

■ Le vent peut souffler plus ou moins fort. On peut mesurer la force et la direction du vent.
Lorsque le vent souffle très fort, il peut déraciner des arbres ou faire voler des objets. C'est alors dangereux.

▷ Retrouve les pages où l'on voit des objets qui servent à mesurer la direction et la force du vent.

▷ Retrouve ce qu'il faut faire en cas de vent fort.

J'ai appris à interpréter une observation et une expérience

● ENQUÊTE 6

▶ Dans quelle image y a-t-il le plus de vent ? À quoi le vois-tu ?
▶ Recopie le tableau sur ton cahier et complète-le avec les mots :
papier crépon, peu, beaucoup, incliné.

Je vois	Je comprends
	Il n'y a pas beaucoup de vent
	Il y a beaucoup de vent

● ENQUÊTE 5

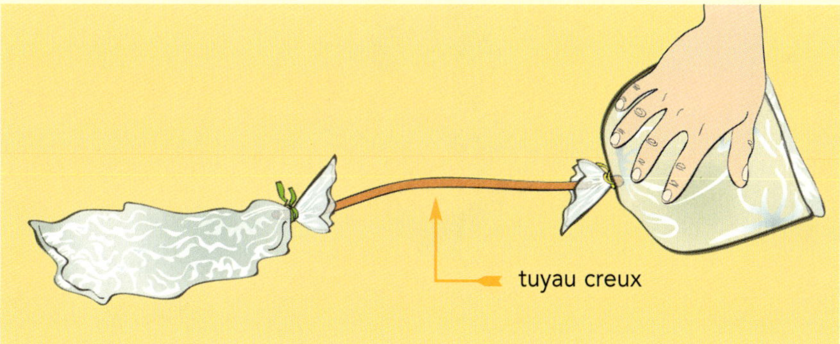

▶ Que se passe-t-il si tu appuies sur le sac gonflé ?
▶ Recopie le tableau sur ton cahier et complète-le.

J'appuie sur le sac de gauche	
Je vois	Je comprends

▶ Trouve d'autres expériences dans ton livre.
▶ Réalise un tableau comme celui-là avec deux colonnes : « Je vois » et « Je comprends ».

9 Comment allumer le nez de l'ours ?

1

■ Voici la tête d'un ours dessinée dans du carton. Observe son nez : avec quoi est-il fait ?

À ton avis

■ Quel matériel faut-il pour faire briller le nez de l'ours ?

un interrupteur

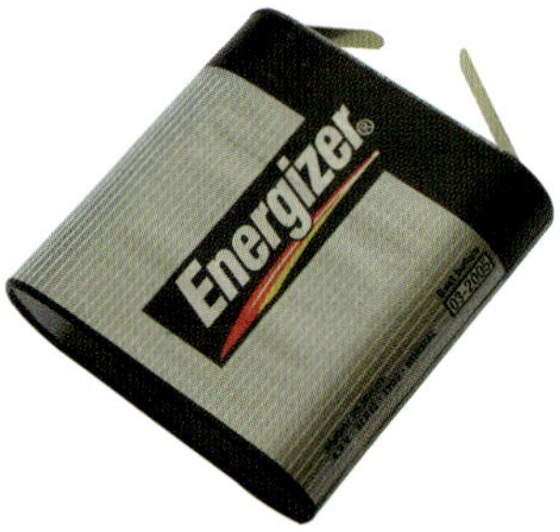

une pile

une ampoule

une télécommande

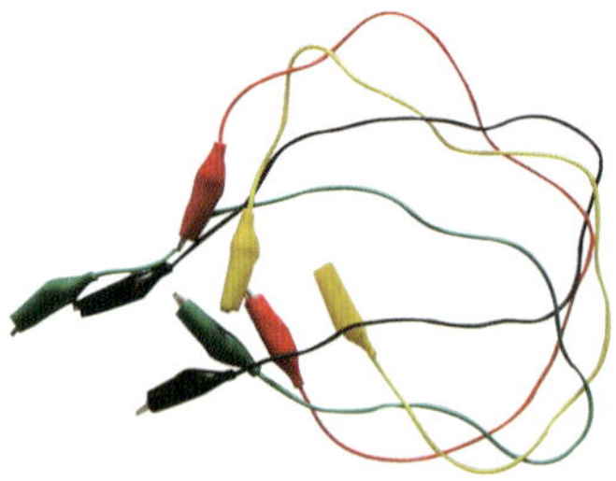
des fils électriques

une douille

■ Choisis les objets utiles.

■ Dessine-les dans ton cahier.

■ Écris leur nom en dessous.

2

À toi de chercher

1. Comment allumer l'ampoule avec la pile ?

■ Réalise des essais, puis dessine ce que tu as fait.

2. Visse l'ampoule sur une douille.

■ Dessine comment tu ferais pour allumer l'ampoule.

■ Vérifie en réalisant l'expérience.

3

3. Comment allumer l'ampoule lorsqu'elle est loin de la pile ?

■ Dessine ton expérience.

4

Sais-tu que...

Les expériences que tu réalises avec des piles ne sont pas dangereuses.
Mais ne les fais jamais avec une prise de courant : c'est très dangereux !

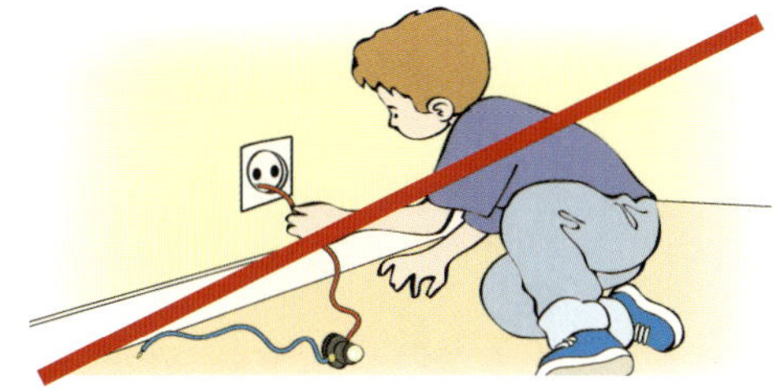

Fais le bilan

■ Observe les trois circuits que tu as dessinés : lequel permet de faire briller le nez de l'ours ?

■ Réalise la construction.

10 Comment réaliser d'autres circuits ?

Dans l'enquête 9, tu as appris à réaliser un circuit avec une pile plate, une ampoule et des fils.

▶ Par quoi peut-on remplacer la pile plate ?

À ton avis

■ Peut-on utiliser une pile ronde à la place de la pile plate pour faire briller l'ampoule ? Fais des hypothèses.

1

À toi de chercher

■ Vérifie tes hypothèses en essayant.

▶ Par quoi peut-on remplacer l'ampoule ?

À ton avis

■ Que font ces objets si on les connecte à une pile plate ?

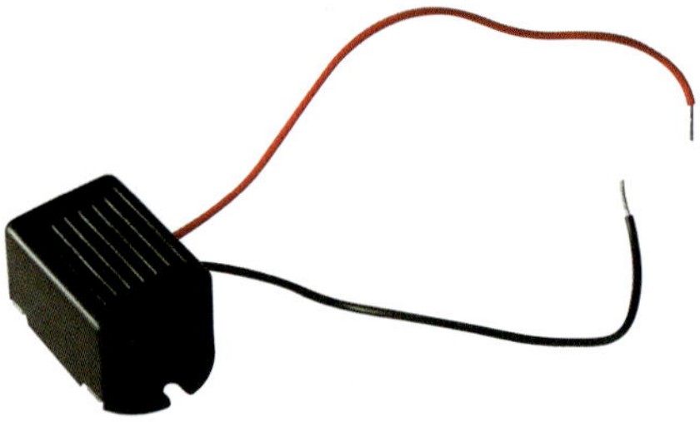

2 *un vibreur*

3 *un moteur*

À toi de chercher

■ Vérifie tes hypothèses en essayant.

Fais le bilan

■ Dessine les circuits qui fonctionnent.

■ Écris ce qui se passe en utilisant les noms des objets et les verbes suivants : *briller, sonner, tourner.*

LANGUE

11 Comment fabriquer un jeu électrique ?

À ton avis

- Des fils électriques sont cachés derrière le carton jaune des photos 1, 2 et 3. Ces fils sont reliés à certaines attaches parisiennes.
- Explique pourquoi l'ampoule brille sur les photos 2 et 3 et pourquoi elle ne brille pas sur la photo 1.
- Pour cela, dessine le carton et les fils cachés derrière, comme tu les imagines.

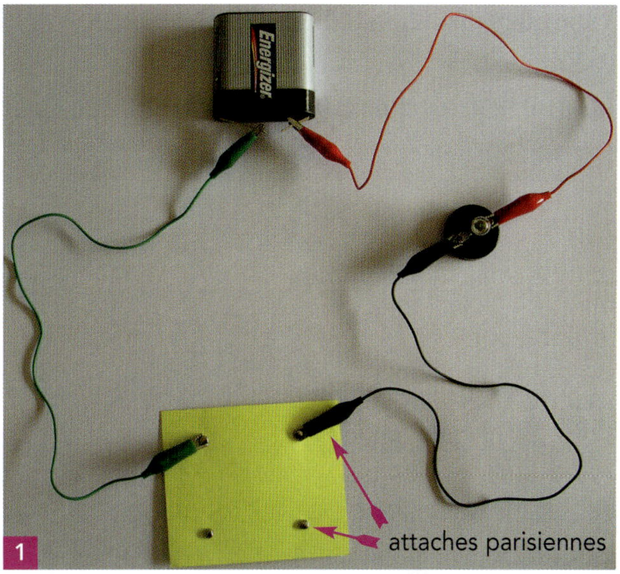

1

2

3

À toi de chercher

- Voici maintenant un jeu. L'ampoule s'allume lorsque tu accroches le fil rouge à la bonne attache parisienne.
- Fais un dessin pour expliquer comment sont les fils sous le carton.
- Réalise un jeu comme celui-ci.

4

12 Comment installer une sonnette à la porte d'une maison ?

Voici une maquette fabriquée dans du carton.
La sonnette retentit si quelqu'un appuie sur le bouton.

1

À ton avis

- Comment sont branchés les fils derrière le carton ?
- Fais un dessin pour expliquer le circuit.

À toi de chercher

- Réalise les montages qui sont photographiés.

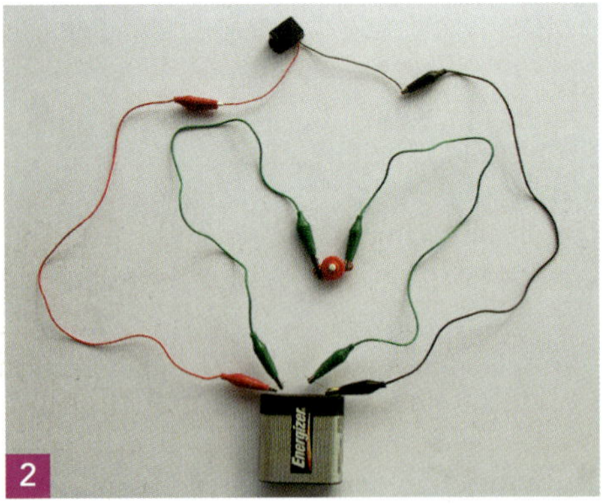
2

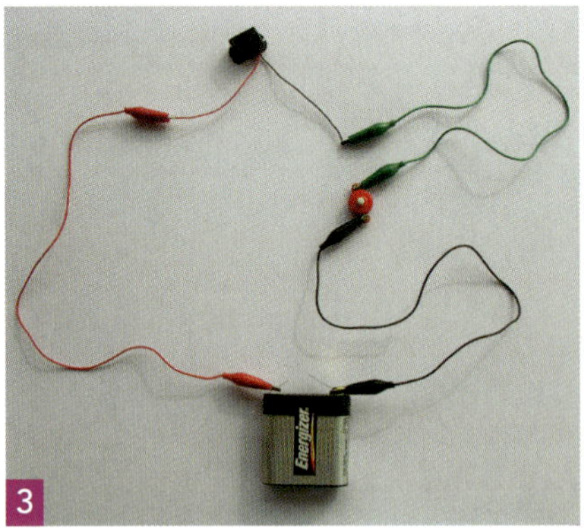
3

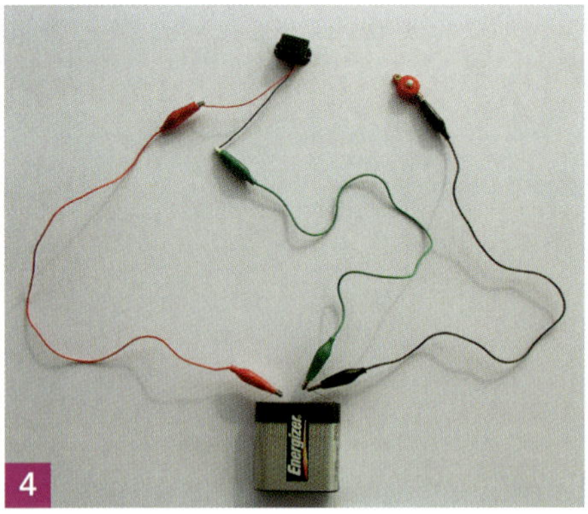
4

- Dessine celui qui convient.

Sais-tu que...

Les appareils électriques ont parfois un sens de branchement. Par exemple, un vibreur ne sonne pas s'il est branché dans le mauvais sens. C'est pour cela que ses fils ne sont pas de la même couleur.

13 Qu'y a-t-il dans un interrupteur ?

À ton avis

■ Qu'y a-t-il dans un interrupteur ?
Dessine ce que tu penses.

1 *un interrupteur*

À toi de chercher

1. Voici un circuit correctement branché (photo 2).

■ Coupe un fil avec des ciseaux (photo 3).
Que se passe-t-il ?

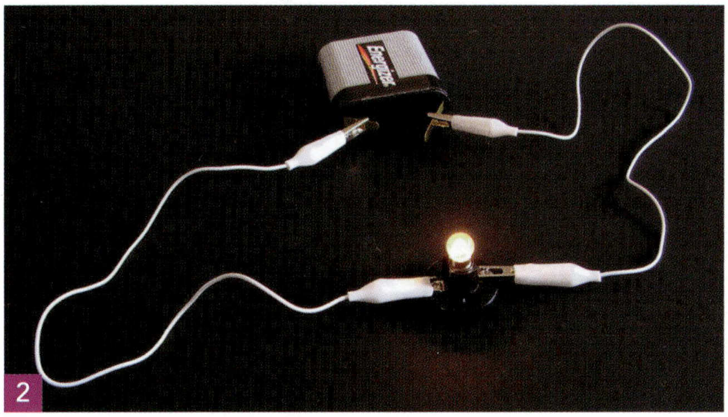

2

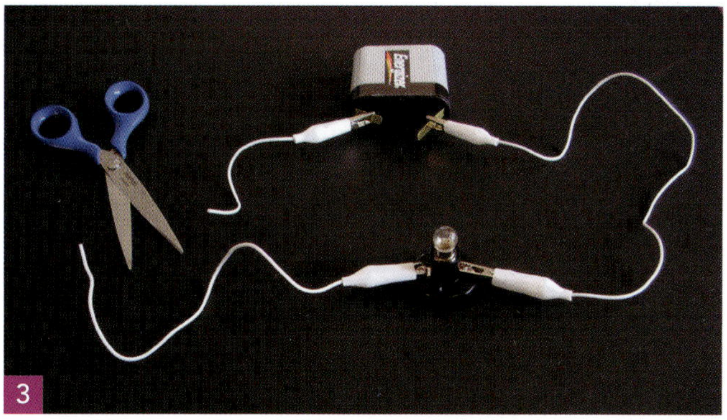

3

2. Comment faire briller l'ampoule de nouveau, sans utiliser de matériel supplémentaire ?

■ Réalise l'expérience de la photo 4.

■ Explique ce qui se passe lorsque les deux languettes d'aluminium se touchent.

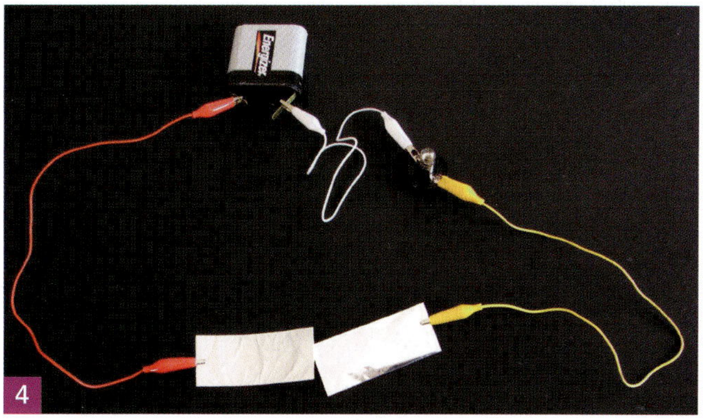

4

Fais le bilan

■ Observe ton premier dessin.
Es-tu toujours d'accord ? Explique pourquoi.

14 Comment augmenter l'éclat d'une ampoule ?

■ Réalise l'expérience de la photo 1.
Comment brille l'ampoule ?
Conserve ce montage, il te servira pour comparer.

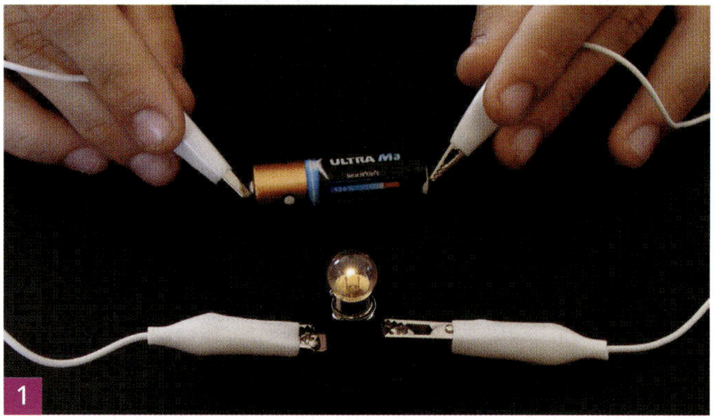

1

À ton avis

■ Comment faire pour que l'ampoule brille plus ?
Lis les hypothèses ci-dessous :

1. Prendre une pile neuve.
2. Utiliser une pile ronde plus grosse.
3. Utiliser deux piles rondes.

■ Dis ce que tu en penses puis vérifie tes hypothèses.

À toi de chercher

1. Comment brancher ensemble deux piles rondes ?

Voici deux façons de procéder (photo 2 et photo 3).

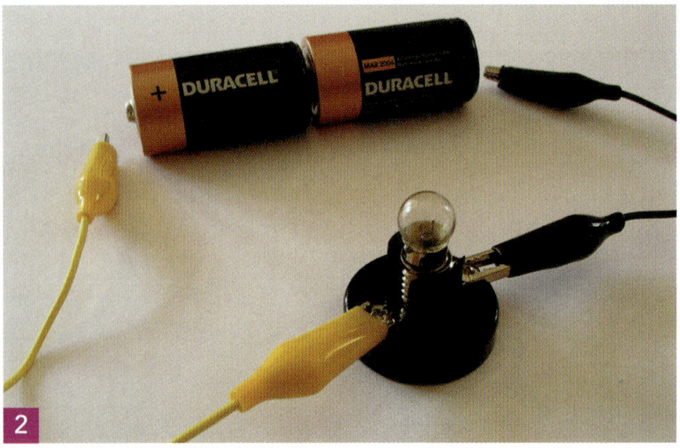

2

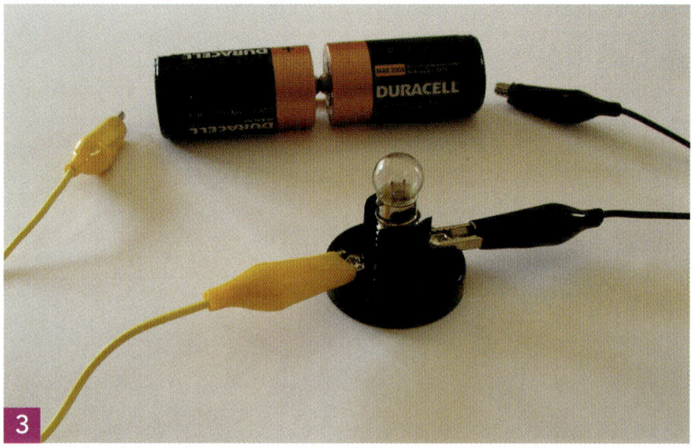

3

■ À ton avis, comment l'ampoule va-t-elle briller lorsque tu brancheras les fils ?

■ Vérifie en essayant.

■ Dessine les expériences et note leur résultat.

2. Comment brancher ensemble trois piles rondes ?

- Dessine les circuits que tu proposes puis réalise-les.
- Quel est celui où l'ampoule brille le plus ?

Fais le bilan

- Observe les photos suivantes.

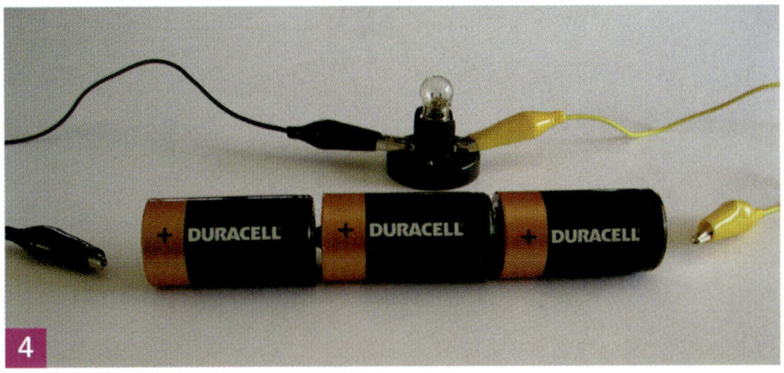

4

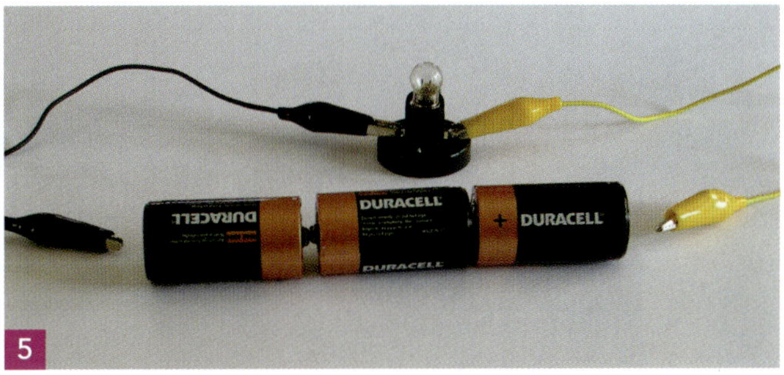

5

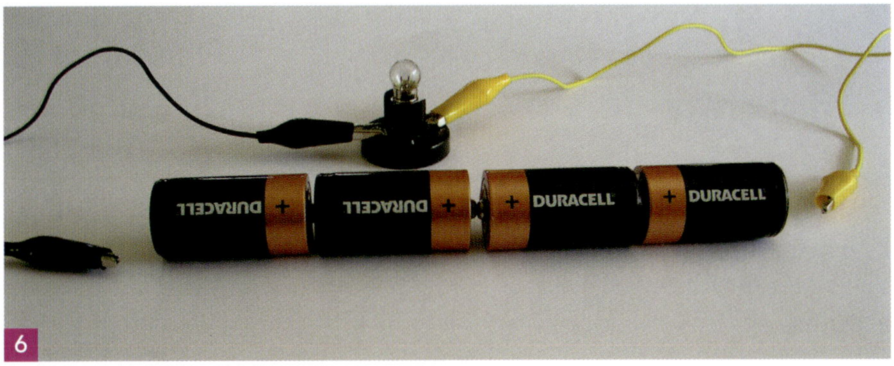

6

- Que se passe-t-il, pour chaque circuit, lorsqu'on branche les fils ?
– Dans quel cas l'ampoule brille-t-elle le plus ?
– Dans quel cas ne brille-t-elle pas ?

Sais-tu que...

Les piles rondes ont toutes la même forme, mais elles sont plus ou moins grosses.

Une pile ronde plus grosse dure plus longtemps.

15 Comment faire griller une ampoule ?

■ Réalise ces deux circuits l'un après l'autre.
Que fait l'éclat de l'ampoule ?

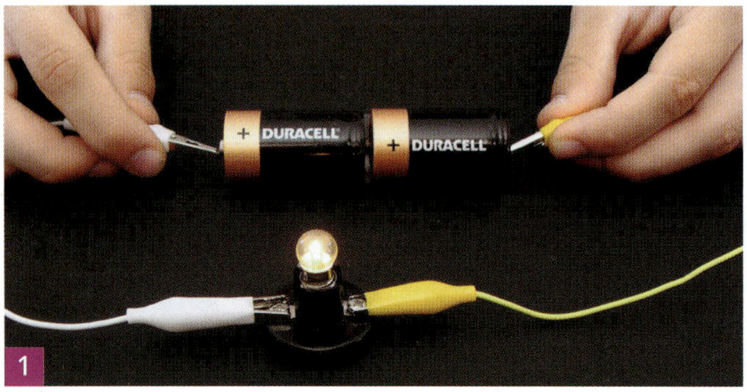

1

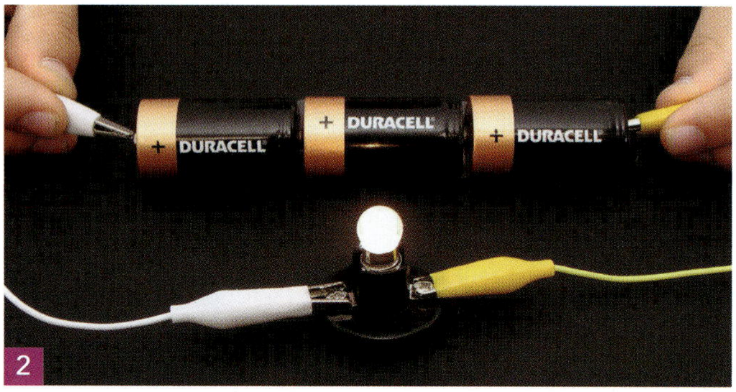

2

À ton avis

■ Comment faire briller l'ampoule encore plus ?
Fais des dessins pour expliquer tes hypothèses.

À toi de chercher

■ Vérifie tes hypothèses en faisant des expériences.

■ Note leurs résultats.

Sais-tu que…

Il y a danger dès que le voltage atteint 24 volts.

Les piles ont moins de 10 volts.

Les prises ont 230 volts.

■ Observe ce tableau.

	3 volts
	6 volts

■ Dessine sur ton cahier comment obtenir 9 volts avec des piles rondes.

■ Dessine également comment obtenir 12 volts, 15 volts, 18 volts.

Fais le bilan

■ Réalise des expériences pour savoir combien de volts peut supporter une ampoule avant de griller.

16 Comment tester un circuit en panne ?

1

À ton avis

- Pourquoi l'ampoule ne brille-t-elle pas dans ce circuit ?
- Fais la liste de toutes tes idées.

À toi de chercher

- Voici deux montages pour chercher la panne.

2

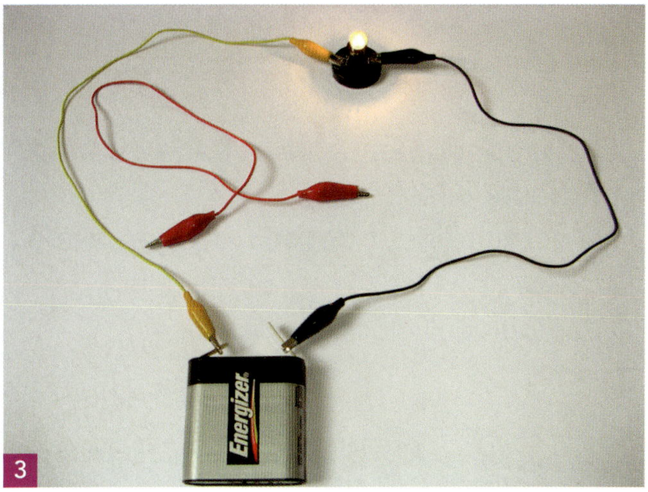

3

Quel est l'objet testé sur la photo 2 ?

Quel est l'objet testé sur la photo 3 ?

- Peut-on connaître la panne ?
- Entraîne-toi : avec le matériel de ta classe, fabrique des montages comportant une panne et fais-la chercher à un camarade.

Je comprends mieux…

J'ai appris que…

● ENQUÊTES 9, 10 ET 11

■ Un circuit électrique est une boucle avec :
– un appareil qui fournit l'électricité (une pile) ;
– un appareil qui utilise l'électricité (une ampoule, un moteur, un vibreur).
Ces appareils sont reliés entre eux. On utilise souvent des fils qui rendent les montages plus pratiques.

▷ Retrouve les photos des appareils qui constituent un circuit électrique. Dessine-les et écris leur nom.

● ENQUÊTES 12 ET 13

■ Pour commander un circuit, on se sert d'un interrupteur.
Il se place dans la boucle, comme les autres appareils.

▷ Dessine l'intérieur d'un interrupteur.

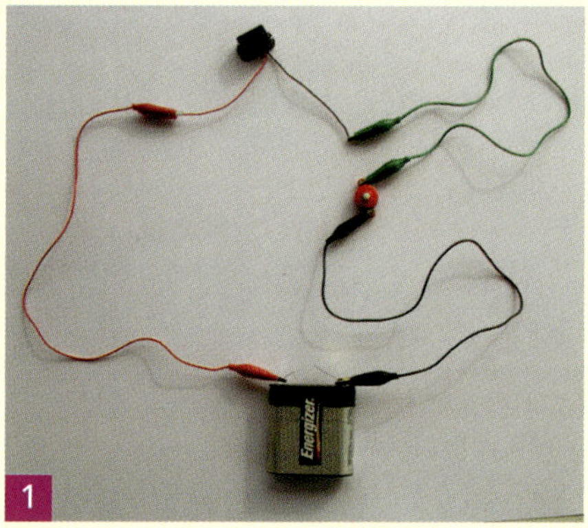

1

● ENQUÊTES 14 ET 15

■ Les piles ne sont pas dangereuses car leur voltage est faible.
On peut augmenter le voltage en branchant ensemble plusieurs piles.
L'électricité peut devenir dangereuse à partir de 24 V.

▷ Retrouve la page qui explique comment faire griller une ampoule en utilisant plusieurs piles.

J'ai appris à rechercher une panne

● ENQUÊTE 16

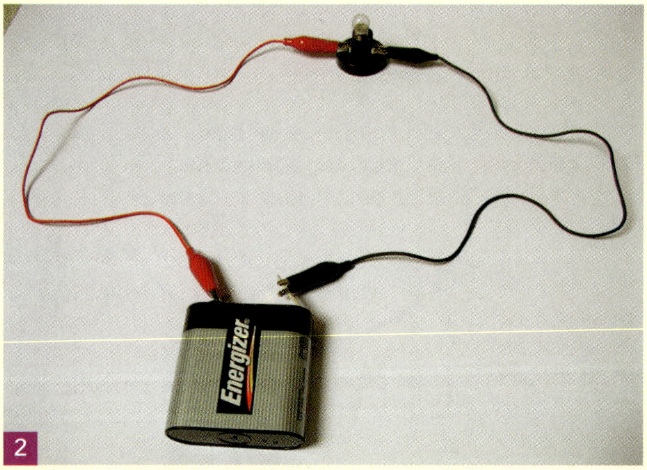

2

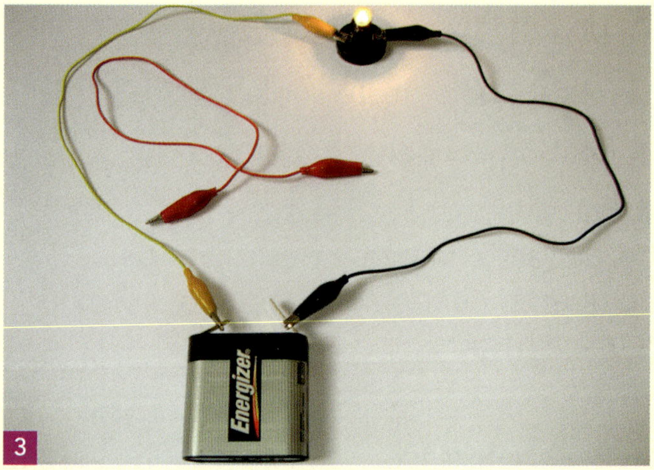

3

▶ Observe les montages 2 et 3 de la page de gauche et le tableau.

Montage n°2	Montage n°3
Une pile	*La même pile*
Une douille	*La même douille*
Une ampoule	*La même ampoule*
Un fil rouge et un fil noir	*Un fil jaune et un fil noir*

▶ Quelle est la seule chose qui change entre les deux montages ? Quelle est la panne ?

▶ Pour trouver une panne, tu ne dois changer qu'une seule chose à la fois.

J'ai appris à faire un dessin simplifié

▶ Les électriciens ne représentent que ce qui est important. Pour savoir si quelque chose est important, demande-toi si cela modifie l'éclat de l'ampoule.

une pile plate rouge

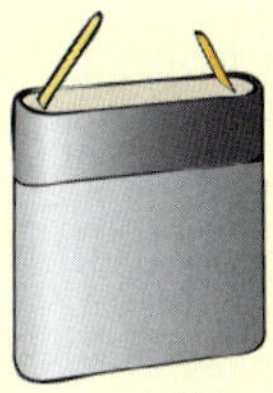

une pile plate grise

▶ Dans un circuit, est-ce que la couleur de la pile modifie l'éclat de l'ampoule ?

▶ Est-ce que la couleur de la pile est importante ?

une pile plate grise

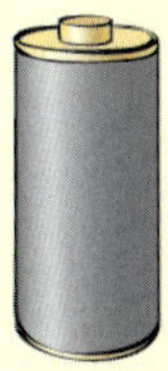

une pile ronde grise

▶ Dans un circuit, est-ce que la forme de la pile modifie l'éclat de l'ampoule ?

▶ Est-ce que la forme de la pile est importante ?

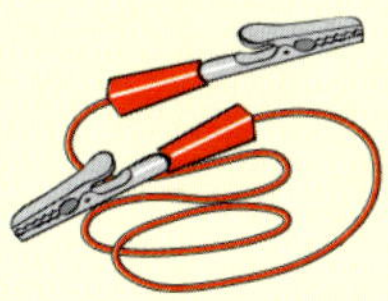

un fil rouge

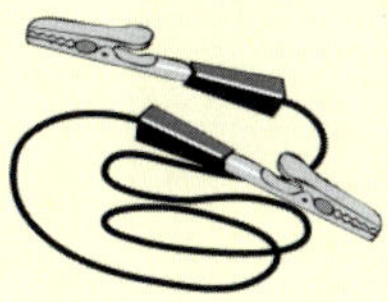

un fil noir

▶ Dans un circuit, est-ce que la couleur des fils modifie l'éclat de l'ampoule ?

▶ Est-ce que la couleur des fils est importante ?

▶ Représente des circuits électriques sur ton cahier en utilisant les dessins suivants :

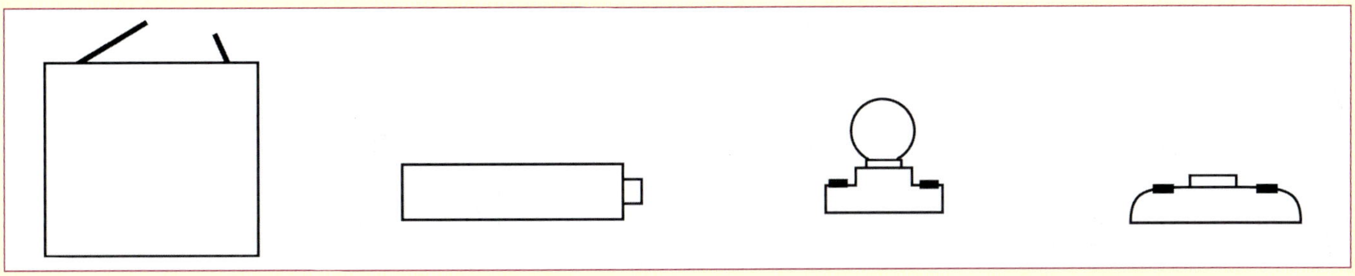

17 À quoi sert l'eau ?

À ton avis

■ Que font les hommes avec l'eau ?
Trouve le plus d'idées possible en discutant avec tes camarades.

À toi de chercher

■ Complète tes idées en t'aidant des photos.

1

2

3

4

5

6

Fais le bilan

Écris les mots suivants dans ton cahier.

s'amuser	*laver, se laver*	*fabriquer*
boire, manger	*transporter*	*autre chose*

■ En face de chaque mot, écris le numéro de l'image qui va avec.

Sais-tu que...

L'eau est la seule boisson indispensable pour vivre.
C'est aussi la meilleure pour la santé.
Va voir l'enquête 42 page 68.

18 Où y a-t-il de l'eau sur Terre ?

À ton avis

- Où y a-t-il de l'eau sur Terre ? Fais la liste de tous les endroits auxquels tu penses.

À toi de chercher

- Observe la carte. Écris sur ton cahier le nom de plusieurs endroits où il y a de l'eau.

1

LANGUE

- Laisse un glaçon 1 heure sur une assiette.
- Explique ce que tu observes avec les mots suivants : *glace, eau, chaleur.*
- Y a-t-il de l'eau au Groenland et en Antarctique ? Sous quelle forme ?

2

Fais le bilan

- Écris dans ton cahier des noms d'océans, de mers, de fleuves ou de rivières, de lacs, de terres recouvertes de glace.
- Où se trouve la plus grande réserve d'eau de la Terre ?

19 À quoi peut servir l'eau de mer ?

La mer est une ressource importante pour les hommes. Beaucoup d'animaux et de végétaux vivent dans l'eau salée de la mer (photo 1).

1

À ton avis

- Les hommes peuvent-ils utiliser l'eau de mer pour boire et pour arroser les jardins ?

Écris ton avis sur ton cahier.

À toi de chercher

- Un jour où tu as très soif, essaye de boire de l'eau salée. As-tu encore soif après ?
- Prépare plusieurs petits pots contenant une plante (photo 2). Réalise une expérience pour savoir ce qui se passe si on les arrose avec de l'eau salée.

2

un plant de salade

Fais le bilan

- Explique pourquoi l'eau de mer ne suffit pas pour vivre.

Sais-tu que…

Dans certains pays, les hommes ont construit des usines qui enlèvent le sel de l'eau de mer. L'eau qui sort de l'usine peut alors être utilisée pour boire ou arroser les légumes.

20 D'où vient l'eau douce ?

À ton avis

- D'où vient l'eau des rivières ?
- Dessine une rivière avec son début et sa fin.

À toi de chercher

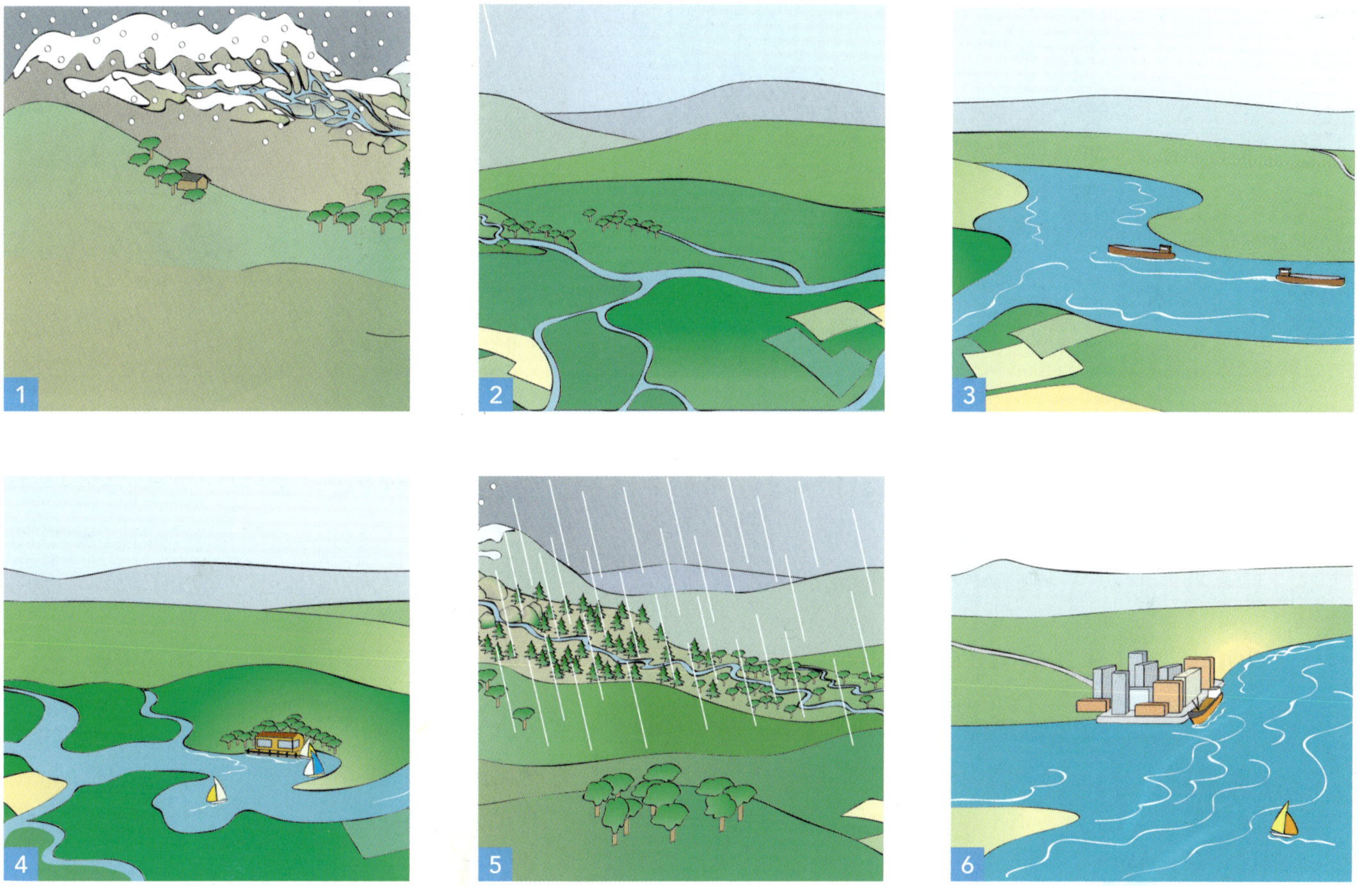

- Ces images représentent le trajet d'une rivière. Mais elles ont été mélangées. Retrouve le bon ordre et note leur numéro dans ton cahier.

Fais le bilan

- Écris sur ton cahier le numéro des vignettes où l'on voit de l'eau douce et le numéro de la vignette où l'on voit de l'eau salée.
- Explique pourquoi l'eau douce peut parfois manquer.

21 Quelle quantité de pluie tombe-t-il ?

▶ Comment mesurer la pluie tombée ?

À toi de chercher

- Place une boîte dehors chaque jour où il pleut (photo 1).
- Découpe une bande de la même hauteur que l'eau (photo 2).
- Colle la bande sur le tableau météo de ta classe (dessin 3).

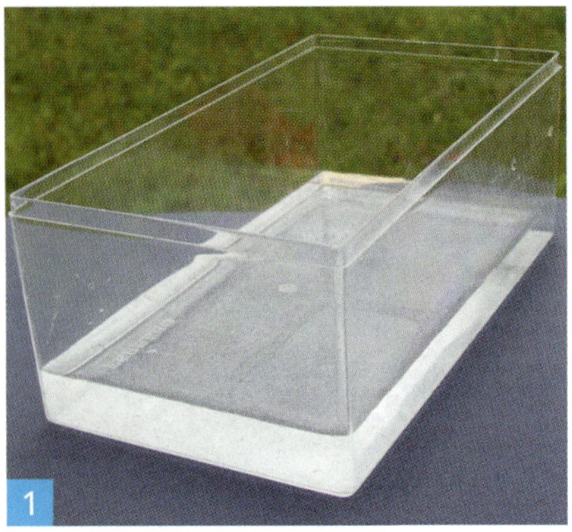
1

2

3

▶ Comment réaliser un graphique ?

À toi de chercher

- Le document 4 montre la hauteur de pluie qui est tombée pendant une semaine.

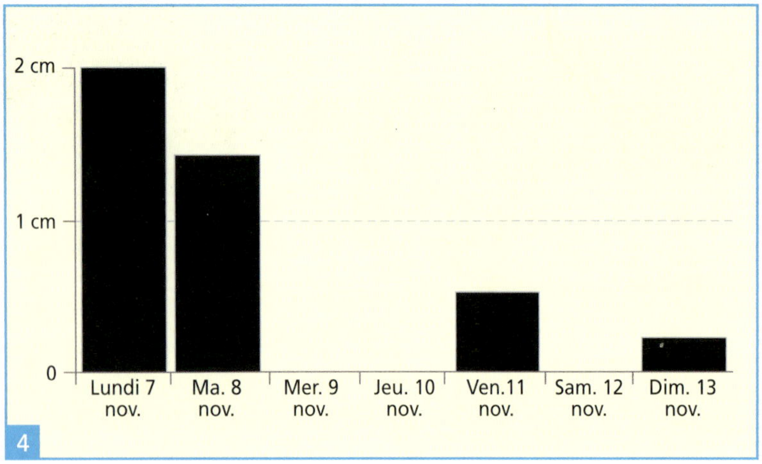

4

- Quel jour a-t-il plu le plus ?
- Que s'est-il passé mercredi 9 novembre et jeudi 10 novembre ?
- Quelle hauteur de pluie est-il tombé lundi 7 novembre ?
- Quels sont les jours où il est tombé plus d'1 cm de pluie ?

- Fais le même graphique avec les mesures que tu as réalisées dans ton école.

▶ Pleut-il autant dans tous les pays ?

À ton avis

■ Y a-t-il des pays où il pleut beaucoup toute l'année ?
Y a-t-il des pays où il ne pleut presque jamais ?

À toi de chercher

■ Observe les graphiques 7 et 8.
Ils indiquent la pluie qui tombe chaque mois.
Que représentent les lettres J, F, M, A... ?

■ Quel graphique correspond à chaque photographie ?
Explique ton choix.

5
En Mauritanie.

6
En Inde.

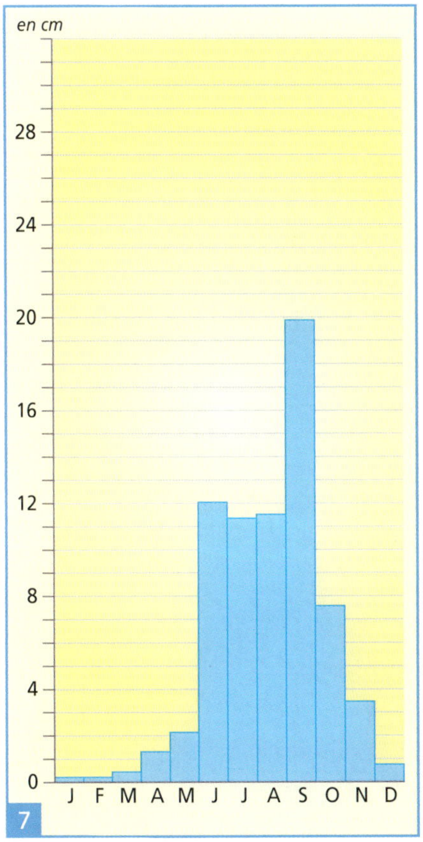

7

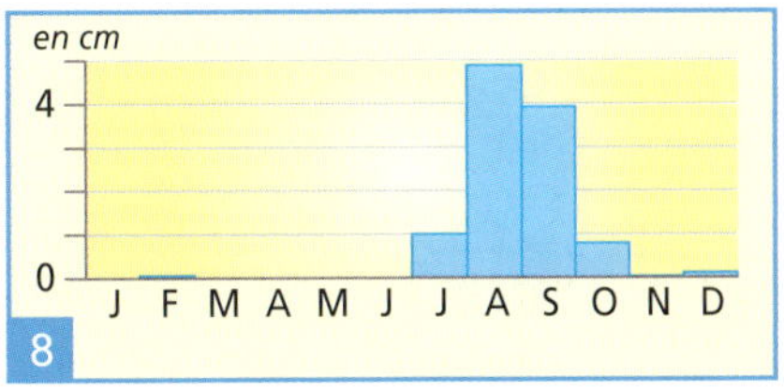

8

Fais le bilan

Écris un texte pour expliquer ce que les gens ne peuvent pas faire dans les pays où il ne pleut presque pas.

22 Qu'est-ce qui peut salir l'eau ?

À ton avis

■ Pour quelles raisons l'eau peut-elle être salie par les hommes ? Trouve le plus d'idées possible.

LANGUE

■ Décris le document 1 et explique ce qui peut se passer si l'on jette des produits dangereux sur le sol. Utilise les mots suivants : *sol, source, ruisseau, pluie.*

1

À toi de chercher

■ Pour comprendre ce qui se passe dans le sol, réalise l'expérience de la photo 2.

1. Verse de l'encre sur l'herbe.
2. Arrose avec de l'eau.
3. Vois-tu de l'encre s'écouler par le trou ?

■ Explique pourquoi il ne faut pas jeter des produits dangereux sur le sol.

2

De l'herbe, de la terre, des graviers pour faire le sol.

Un trou pour faire une source.

23 Est-il facile de nettoyer l'eau ?

■ Prépare des bocaux comme sur les photographies.

1 *de l'eau et des graviers*

2 *de l'eau et de la terre*

3 *de l'eau et de l'encre*

LANGUE

■ Fais une phrase pour décrire l'eau dans chacun de ces bocaux.
Utilise les mots suivants : *trouble, claire, colorée.*

À ton avis

■ Comment ferais-tu pour enlever ce que tu as mélangé à l'eau ?

À toi de chercher

■ Teste tes idées sur chaque bocal.
Choisis du matériel pour t'aider.

4 *une cuillère*

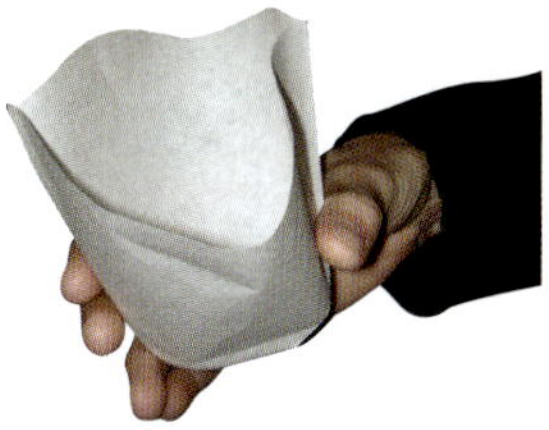
5 *un filtre*

6 *une passoire*

Fais le bilan

■ Est-il facile d'enlever ce qui est mélangé à l'eau ?

Sais-tu que...

En France, l'eau qui arrive à nos robinets est nettoyée par des usines. Elle peut être bue sans danger : c'est de l'eau potable.
Dans certains pays, des gens sont malades parce qu'ils boivent de l'eau non potable.

24 Comment économiser l'eau ?

À ton avis

■ À quoi peut-on utiliser l'eau de ces photos ?

1

2

3

■ Recopie le tableau dans ton cahier.

Complète-le en utilisant les signes suivants :

- ● (vert) On peut utiliser l'eau de cette photo, ce n'est pas du gaspillage.
- ● (bleu) On peut utiliser l'eau de cette photo, mais c'est du gaspillage.
- ● (orange) On ne peut pas utiliser l'eau de cette photo.

	Boire	Se laver	Arroser son jardin	Laver sa voiture	Laver son chien
Photo 1					
Photo 2					
Photo 3					

■ As-tu d'autres idées pour ne pas gaspiller l'eau ?

Avec tes camarades, fais la liste la plus longue possible. Affiche-la dans ton école.

À toi de chercher

■ Lave tes mains en laissant le robinet ouvert. Récupère l'eau dans une cuvette.

■ Refais la même chose en n'ouvrant le robinet que deux fois : au début pour te mouiller les mains, à la fin pour te rincer.

■ Compare ou mesure les deux quantités d'eau. Qu'en penses-tu ?

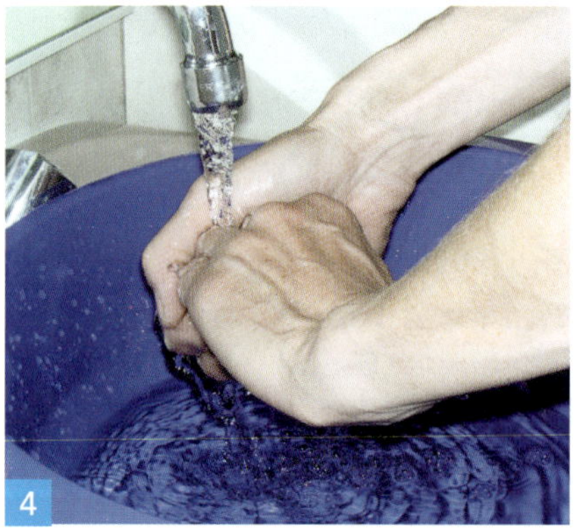
4

25 Peut-on boire n'importe quel liquide ?

À ton avis

- Peux-tu savoir ce que contiennent ces petits pots ?
- Est-il dangereux de boire ces liquides ? Pourquoi ?

1

À toi de chercher

- En réalité, chaque petit pot contient de l'eau mélangée à un autre produit que l'on voit sur ces photos.

2 *de l'alcool à brûler*

3 *du produit pour les vitres*

4 *de l'éosine*

5 *du chocolat en poudre*

- Trouve le contenu exact des récipients de la photo 1. Indique si le liquide est dangereux à boire ou non.

Fais le bilan

- Ces dessins préviennent qu'un produit est dangereux.
- Recopie-les sur ton cahier avec leur signification.

Produit qui peut s'enflammer

Poison mortel

Produit qui brûle

Produit qui peut rendre très malade

26 Comment fabriquer de la glace ?

À ton avis

■ Que faut-il pour fabriquer de la glace ?

À toi de chercher

■ Des enfants ont essayé de fabriquer de la glace en mettant de l'eau à plusieurs endroits. Observe leurs résultats.

Dans le congélateur	En bas du réfrigérateur	Dans la cour, en hiver, la nuit
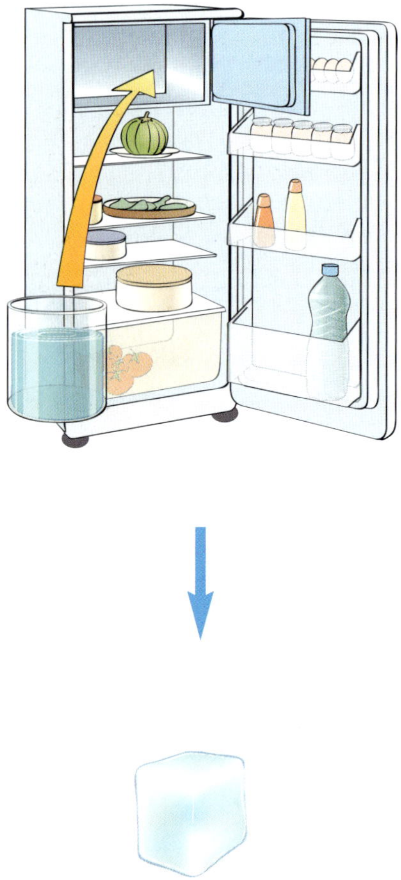	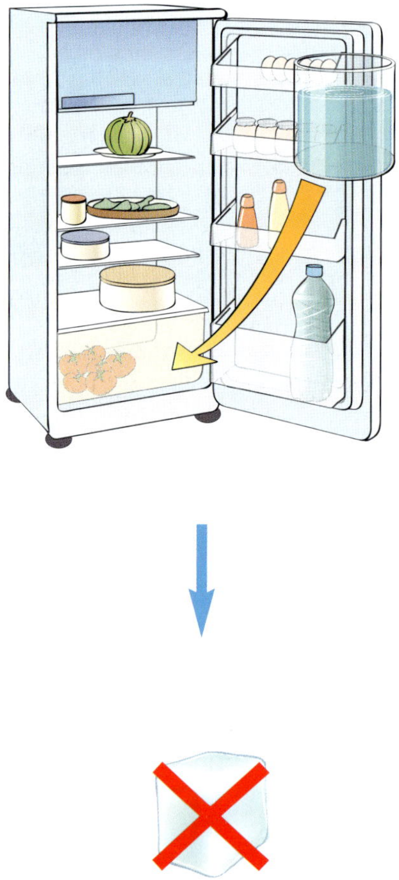	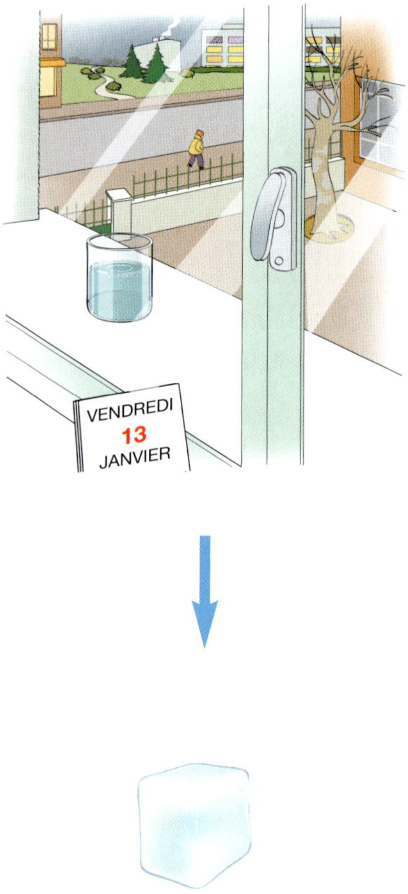

■ Réalise, comme ces élèves, des essais pour faire geler de l'eau. Pourquoi ont-ils réussi dans certains endroits et pas dans d'autres ?

■ Installe un petit récipient d'eau dans la cour, juste avant de quitter l'école en fin d'après-midi. Place un thermomètre à côté.

1. Observe le résultat le lendemain matin : l'eau a-t-elle gelé ?

2. La température est-elle au-dessus ou au-dessous de zéro degré ?

3. Refais l'expérience plusieurs fois pendant l'hiver.

4

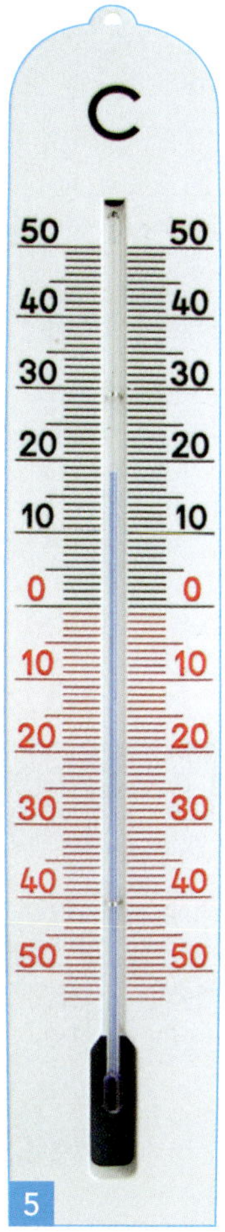

5

Fais le bilan

■ Dessine un thermomètre sur ton cahier.

Écris les légendes au bon endroit :

← *L'eau est à l'état solide : c'est de la glace.*

← *L'eau est à l'état liquide.*

LANGUE

■ Dans quelles phrases parle-t-on de l'eau qui s'est transformée en glace ?

a. J'aime la **glace** au chocolat.

b. De la **glace** recouvre le lac.

c. Je me regarde dans une **glace**.

d. Cette nuit, les flaques d'eau ont **gelé**.

e. Maman prépare de la **gelée** de framboise.

f. Le chauffage est en panne : je suis **gelé** !

27 Comment fabriquer un voilier bien stable ?

À ton avis

- Dessine un voilier comme tu pourrais le voir s'il était hors de l'eau.

À toi de chercher

- Fabrique un modèle réduit de voilier. Aide-toi des photographies.

1 Le matériel

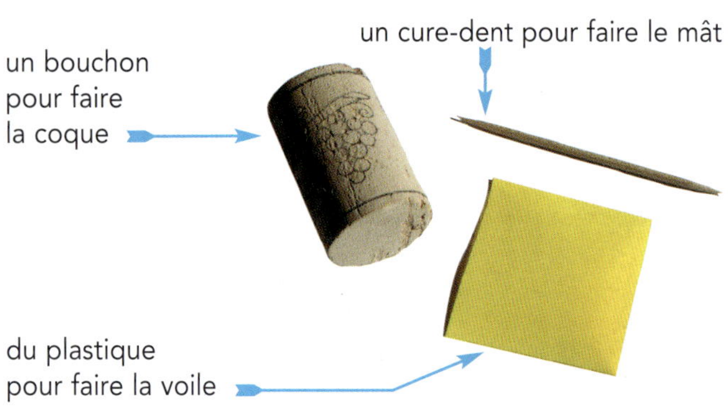

2 Les outils

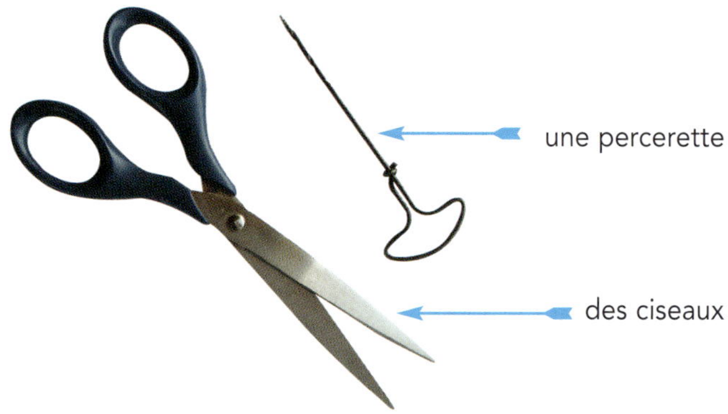

Les étapes de la fabrication

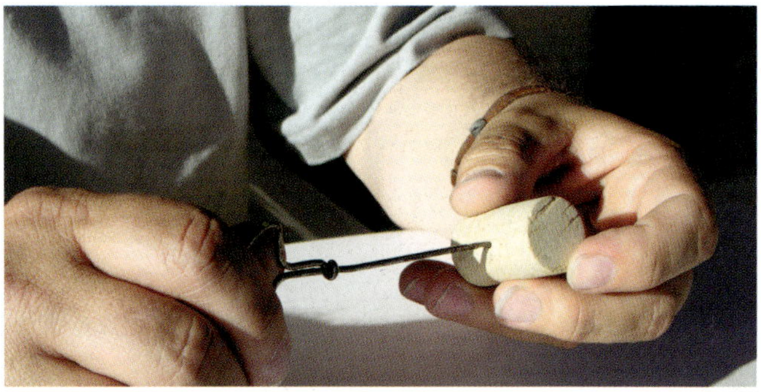

3 Perce un trou dans le bouchon.

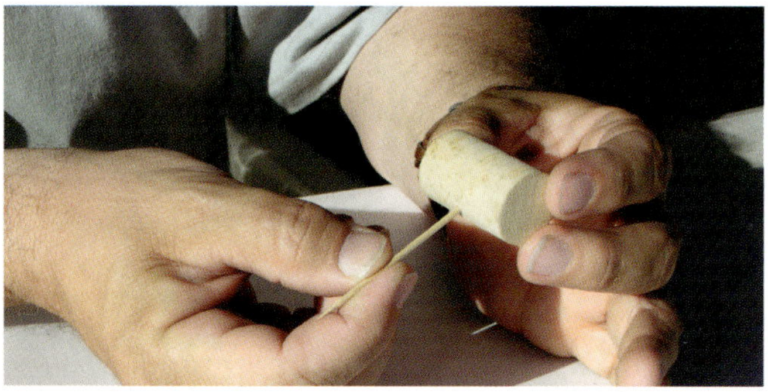

4 Enfile le cure-dents.

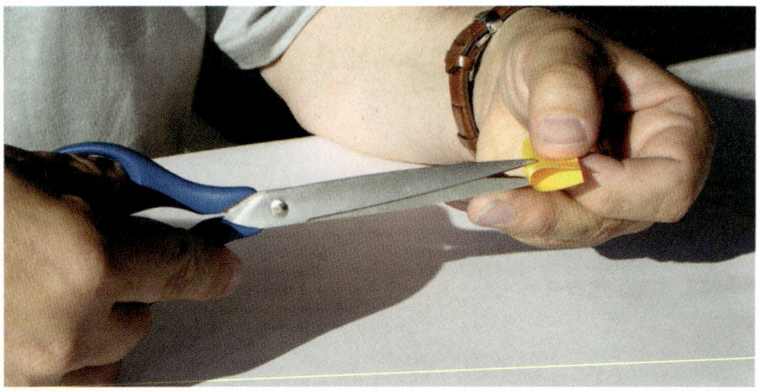

5 Fais deux entailles dans la voile.

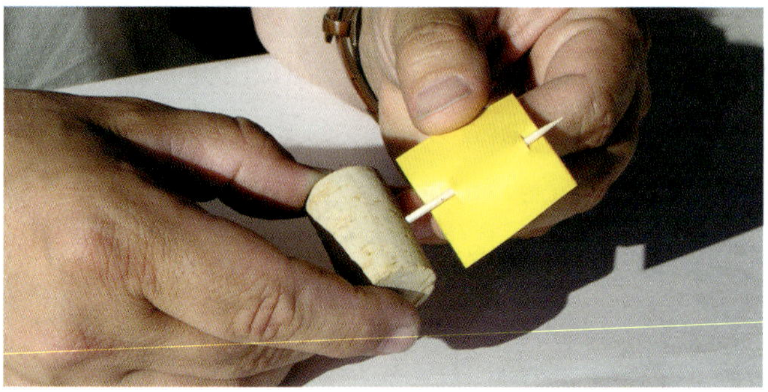

6 Enfile la voile sur le mât.

■ Essaye ton voilier. S'il ne navigue pas bien, cherche des solutions pour l'améliorer. Choisis du matériel pour t'aider.

7
des vis

8
des bouchons

9
des élastiques

10
du plastique

11
des cure-dents

Fais le bilan

■ Écris les mots suivants dans ton cahier :

flotte *coule* *se renverse*

■ En face de chaque mot, écris le numéro du bateau qui va avec. Réalise les essais si tu n'es pas sûr.

12

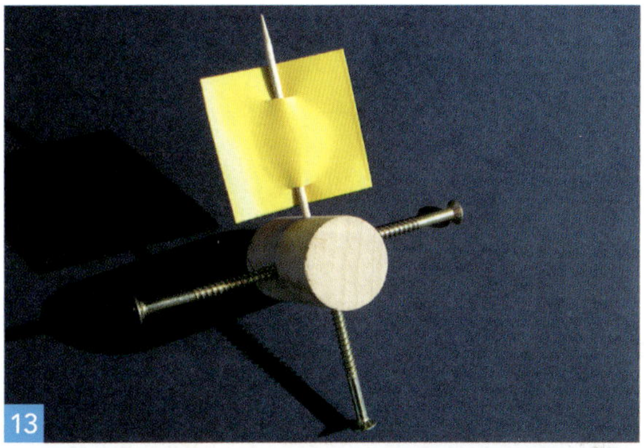
13

14

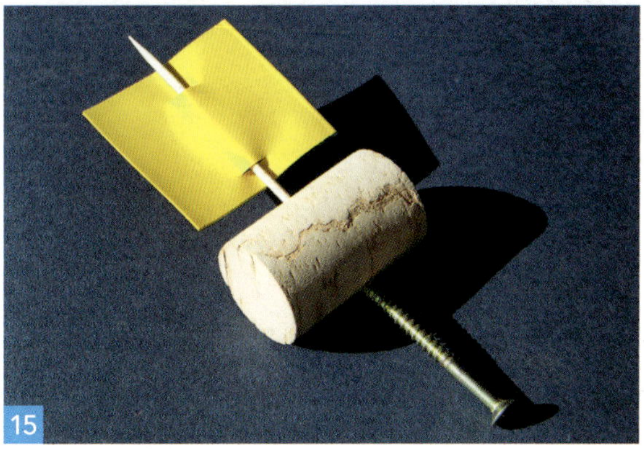
15

Sais-tu que...

Certains navigateurs font la course autour du monde tout seuls sur un bateau à voile.
Le voyage dure plus de deux mois !

Je comprends mieux...

J'ai appris que...

● ENQUÊTES 17 ET 18

■ Les hommes ont besoin d'eau.
Il y en a beaucoup sur Terre.

▷ Retrouve une page qui le montre.

● ENQUÊTES 19, 22 ET 23

■ On ne peut pas boire l'eau de mer, ni s'en servir pour arroser les plantes.
Il est facile de salir l'eau, mais il est difficile de la nettoyer.

▷ Retrouve les pages qui expliquent pourquoi.

● ENQUÊTES 20 ET 21

■ L'eau douce vient de la pluie ou de la neige.
Dans certains pays, il ne pleut pas assez. Leurs habitants manquent d'eau.

▷ Trouve un pays où il n'y a pas assez d'eau.

● ENQUÊTE 24

■ Il faut économiser l'eau douce.

▷ Retrouve la page qui explique comment.

● ENQUÊTE 25

■ Certains liquides sont très dangereux.

▷ Trouve un liquide qui ressemble à de l'eau. ▷ Trouve un liquide qui ressemble à du sirop.

● ENQUÊTE 26

■ L'eau peut changer d'état.

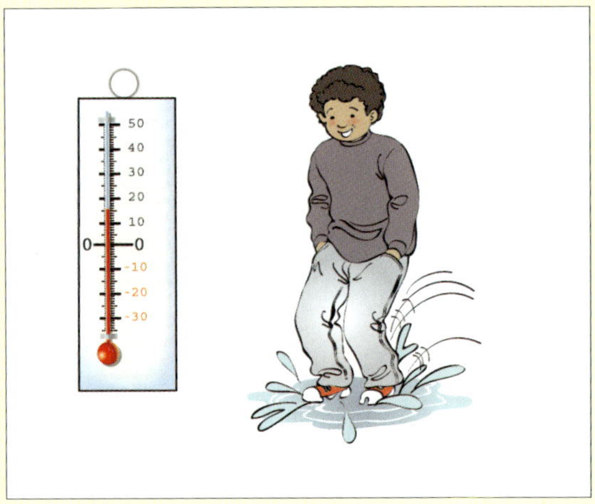

▷ Trouve à quelles températures l'eau est à l'état liquide.

▷ Trouve à quelles températures l'eau est à l'état solide.

J'ai appris à mesurer une température avec un thermomètre

● ENQUÊTE 26

▶ Dans quel dessin la petite fille fait-elle une bonne mesure ?
▶ Explique pourquoi.

J'ai appris à raisonner en construisant une maquette

● ENQUÊTE 27

 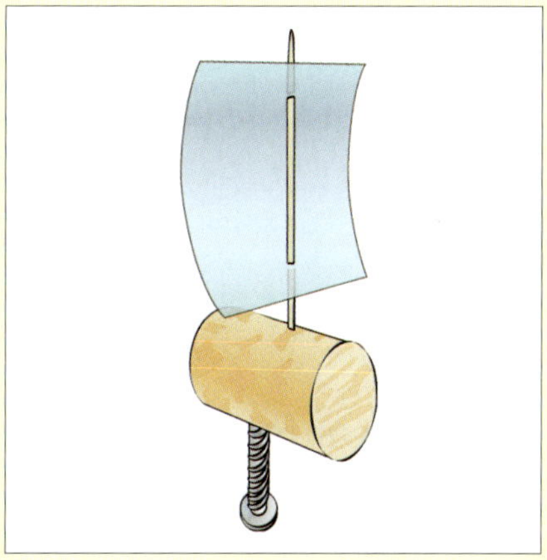

▶ Recopie le tableau sur ton cahier et complète-le.

Un vrai bateau	Ma maquette
La coque	*Un bouchon*
La quille	
Le mât	
La voile	

▶ Que se passe-t-il si la quille n'est pas assez lourde ?
▶ Y a-t-il des vrais bateaux qui n'ont pas de quille ?

28 Où se plie ton corps ?

1

- Imite la position de l'un des enfants.
- Décris la position des enfants.
- Fais des phrases en utilisant les mots suivants : *enfant, debout, plié, pliée, tendu, tendue, jambe, bras.*

LANGUE

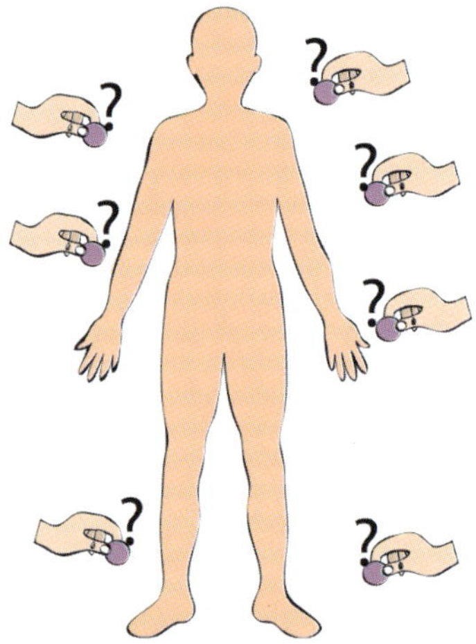

À ton avis

- Où se plie ton corps ?
- Mets des gommettes sur toi aux endroits où se plie ton corps.

À toi de chercher

- Avec des attelles, vérifie si tes gommettes sont placées aux endroits où se plie ton corps.

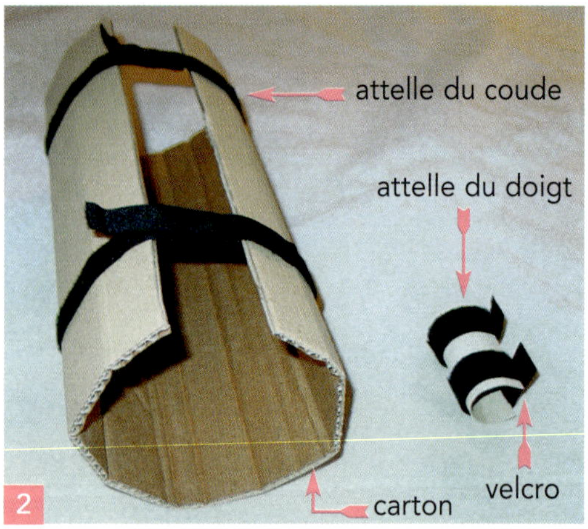

2

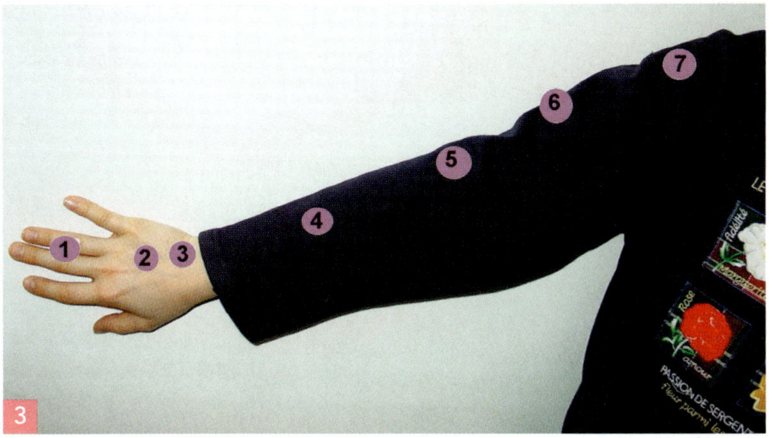

3

■ Observe la photo 3 puis donne les numéros des gommettes bien placées.

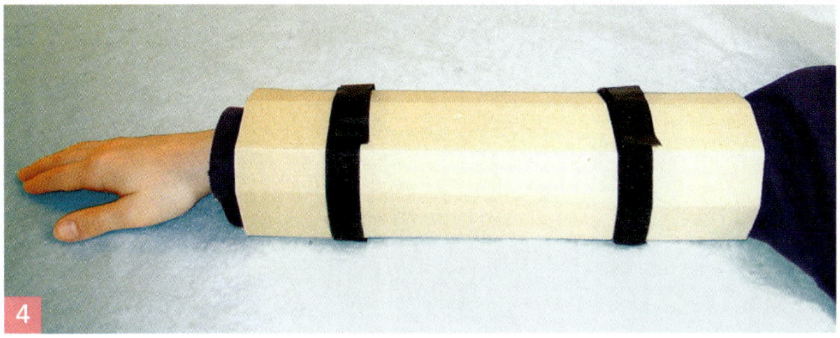

4

■ Observe la photo 4 puis écris sur ton cahier si cet enfant peut téléphoner.

■ Explique pourquoi.

Fais le bilan

■ Décalque la silhouette et colle-la sur ton cahier.

■ Mets des points là où tu as vérifié que ton corps se plie.

■ Ces endroits sont des articulations. Légende ton dessin en utilisant les noms suivants : *cheville, hanche, poignet, coude, genou, cou, épaule.*

LANGUE

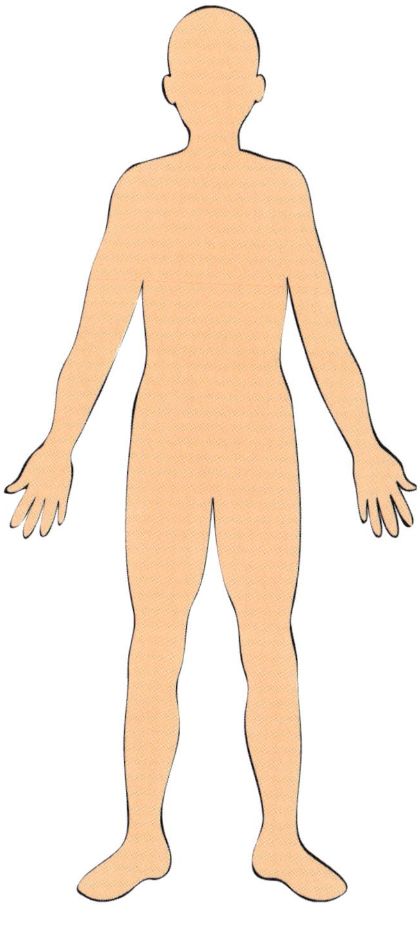

29 Comment se plie ton bras ?

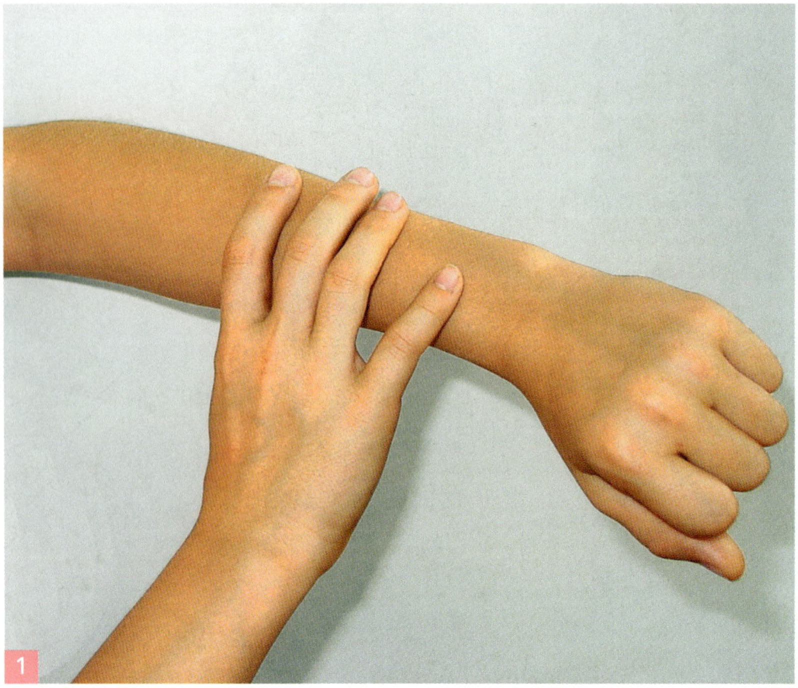

1

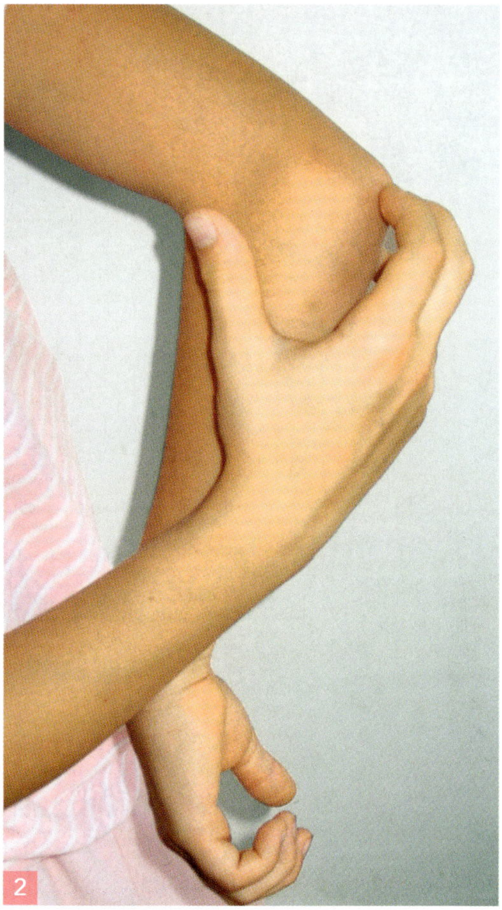

2

■ Touche ton bras comme le fait l'enfant.

À ton avis

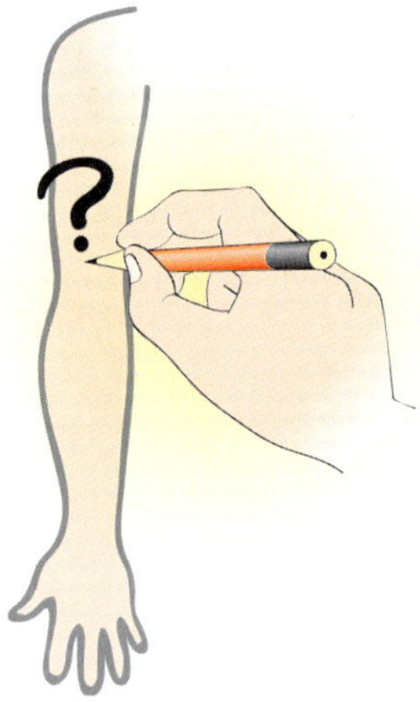

■ Comment est-ce à l'intérieur de ton bras ?

■ Sur une silhouette, dessine l'intérieur de ton bras.

À toi de chercher

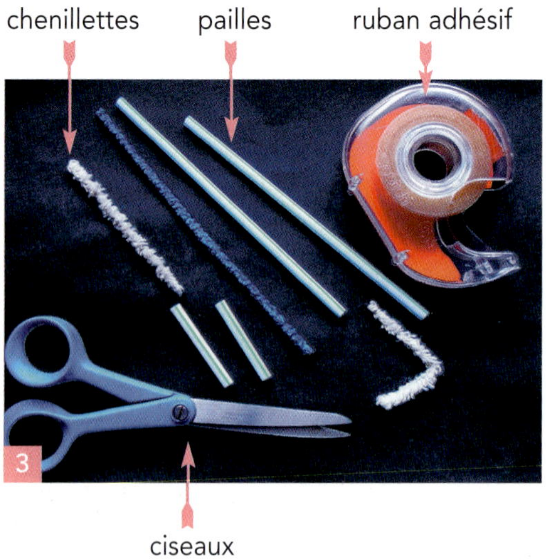

3

■ Avec le matériel que tu vois sur la photo 3, construis la maquette qui correspond à ton dessin.

■ Est-ce que ton bras bouge comme ta maquette ?

■ Propose des changements afin que ta maquette bouge comme ton bras.

- Observe cette radiographie. Où le bras se plie-t-il ?
Ces endroits sont appelés articulations.
- Pourquoi le bras ne se plie-t-il qu'aux articulations ?
- Au niveau du coude, peux-tu plier le bras dans tous les sens ? Pourquoi ?

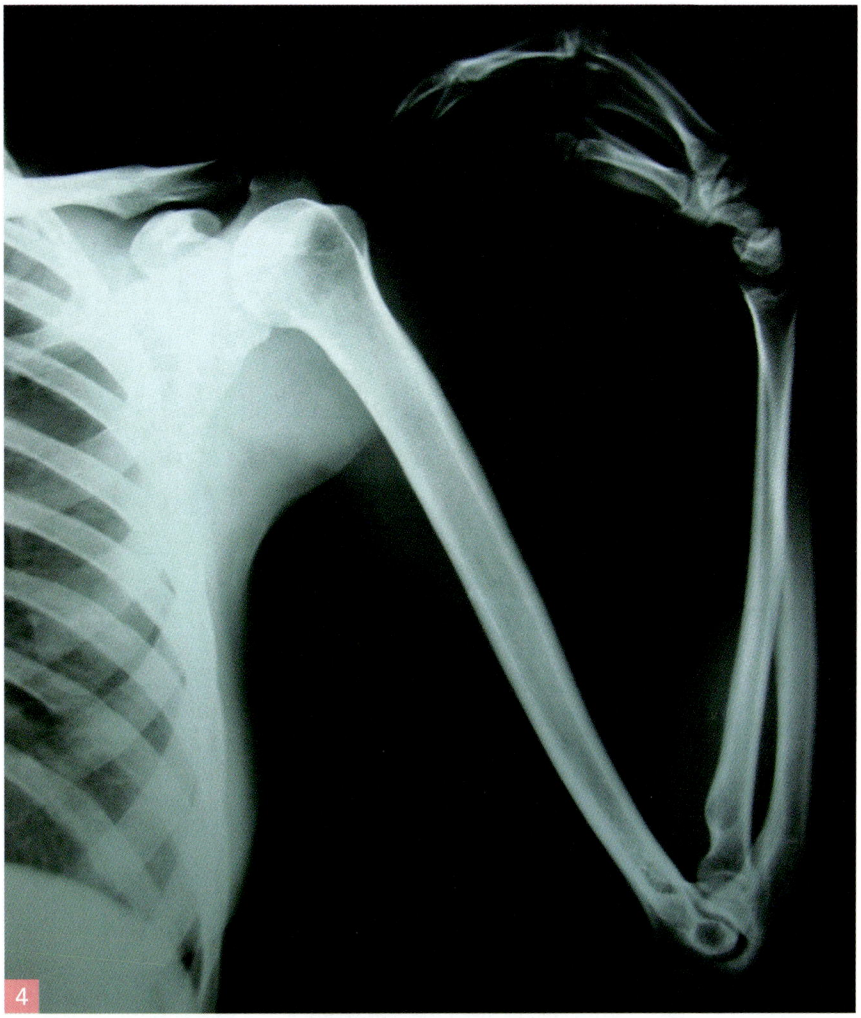
4

- Observe la photo 5. Pourquoi le mouvement se fait-il facilement au niveau du coude ?

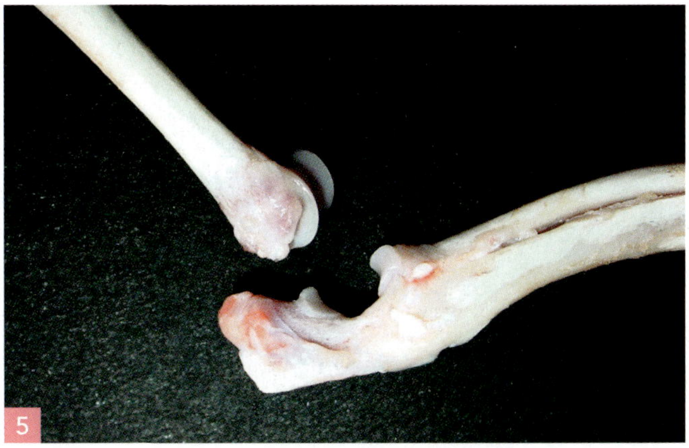
5

Squelette du coude d'un lapin.

Sais-tu que…

Pour que tes os soient solides, il faut manger tous les jours des produits laitiers (fromages, yaourts, lait…) qui apportent à ton corps du calcium.

30 Peux-tu reconnaître les os d'une radio ?

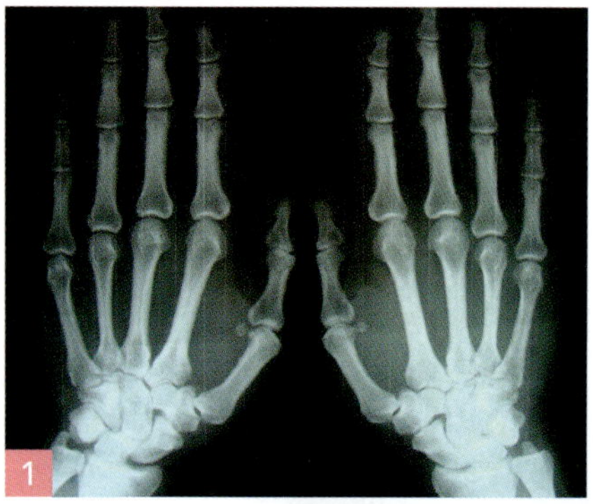
1

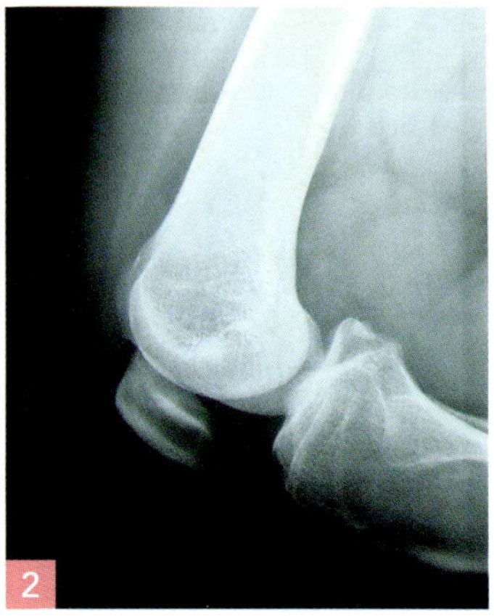
2

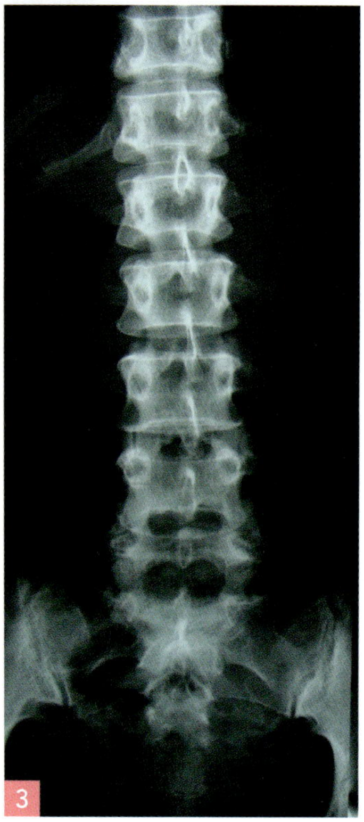
3

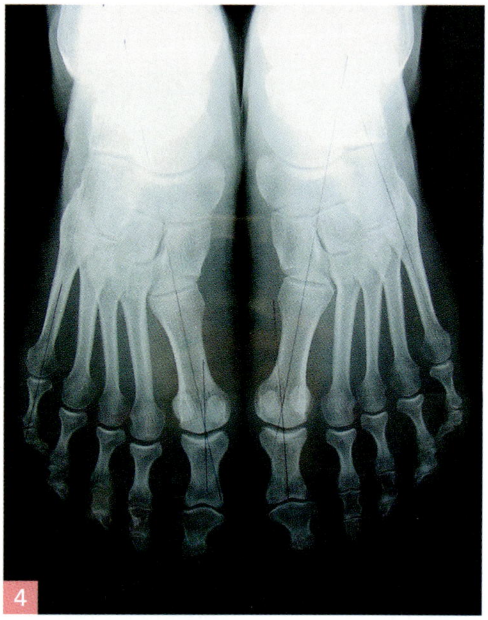
4

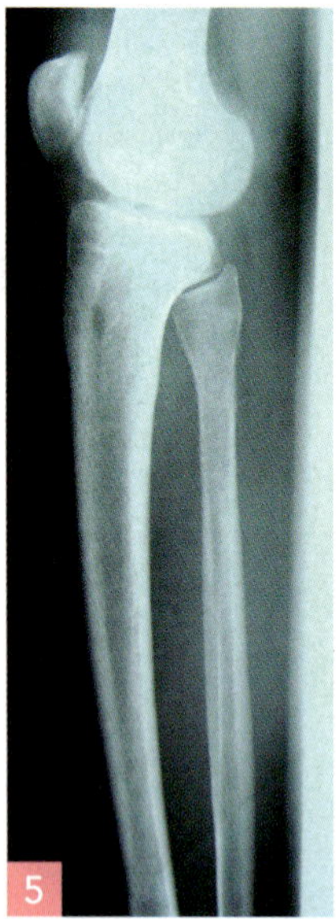
5

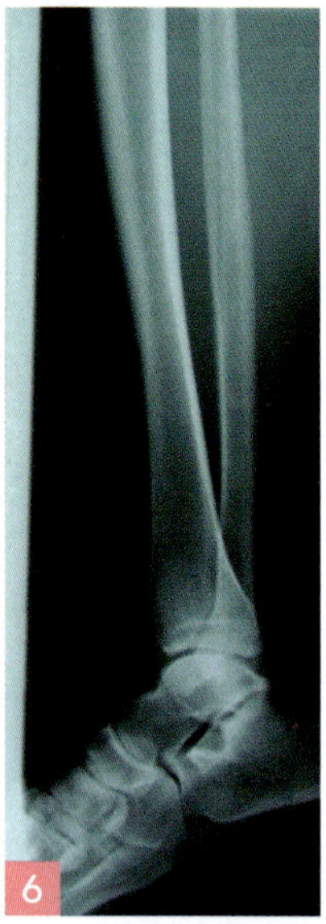
6

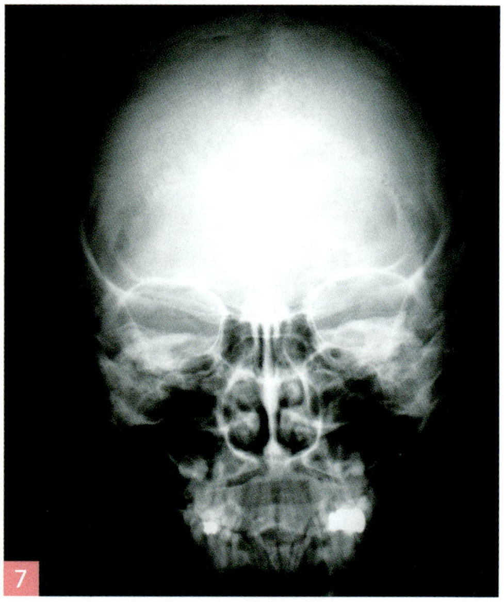
7

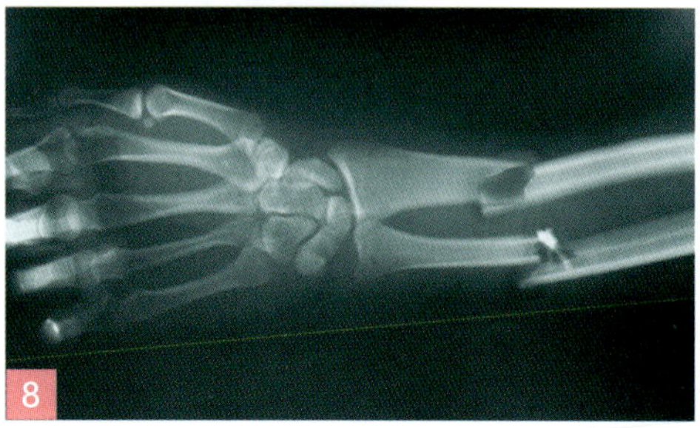
8

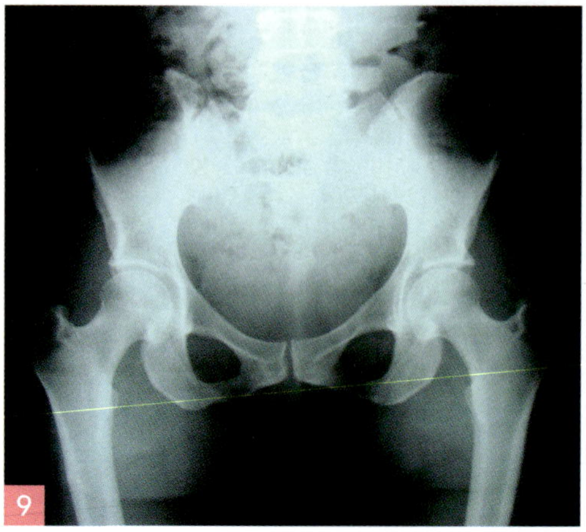
9

À ton avis

- Que voit-on sur ces radios ?

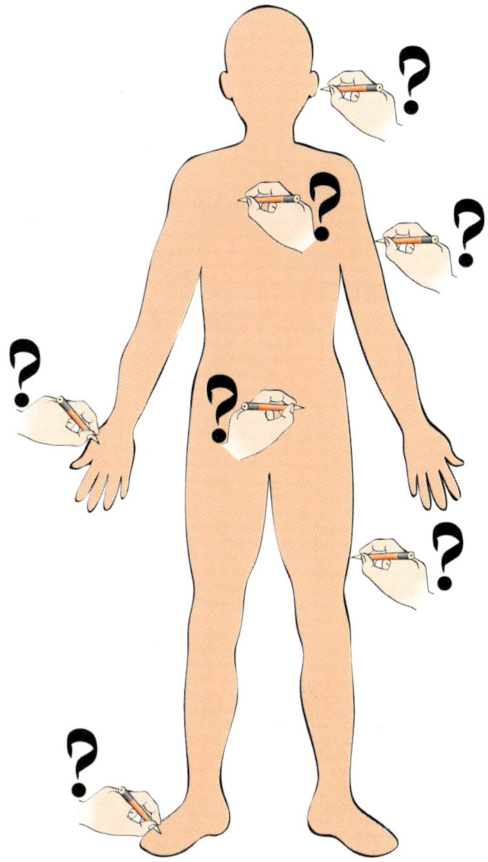

À toi de chercher

- Sur les radios, mets une gommette au niveau des articulations.
- Quels os ont été cassés ?

Fais le bilan

- Décalque la silhouette et colle-la sur ton cahier.
- Écris les numéros des radios aux bons endroits.
- Écris la légende en utilisant les mots suivants : *pied, main, cuisse, jambe, bras, avant-bras.*

- Imagine que tu es radiologue. Sur le bras d'un de tes camarades, pose un cadre de plastique transparent.
- Dessine l'intérieur.

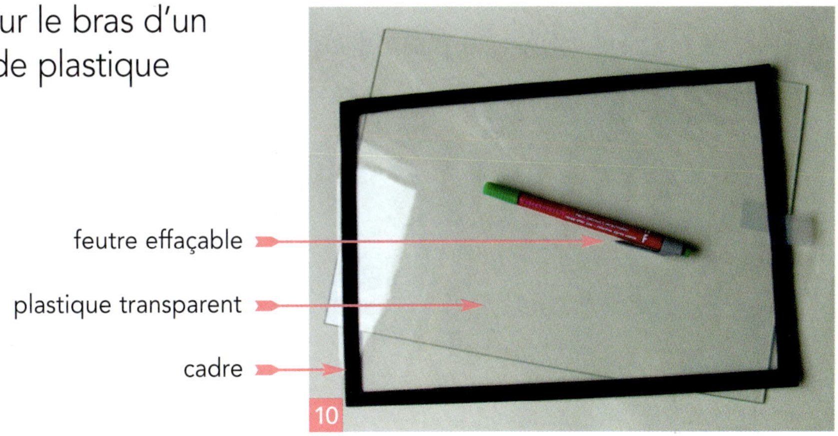

Sais-tu que...

Les os sont vivants : ils grandissent, grossissent. Lorsqu'ils se cassent, ils se réparent en fabriquant de l'os nouveau.

31 Comment fais-tu pour savoir ce qui t'entoure ?

LANGUE

■ Que font ces enfants pour attraper le ballon ?

Fais des phrases en utilisant les mots suivants :
bras, main, yeux, oreilles, nez, peau, pied.

1

À ton avis

■ Quelles parties du corps utilises-tu pour connaître ce qui t'entoure ?

Dans ton cahier, dessine en grand un bonhomme. Écris le nom des organes des sens.

À toi de chercher

■ Recherche les objets suivants :

une rose

un réveil

un verre d'eau froide

un verre d'eau tiède

un verre d'eau salée

un verre de menthe

■ Nomme tous les organes des sens que tu utilises pour les reconnaître.

32 Avec quoi peux-tu toucher ?

■ Que fait cette personne qui ne voit pas bien ?

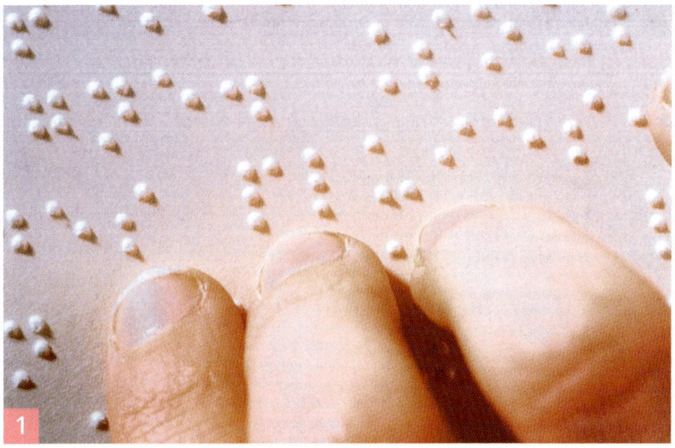
1

À ton avis

■ Quelles parties du corps permettent de toucher les objets ?
Dis ou écris ta réponse.

À toi de chercher

■ Place des objets dans une boîte en carton :

du tissu

du carton

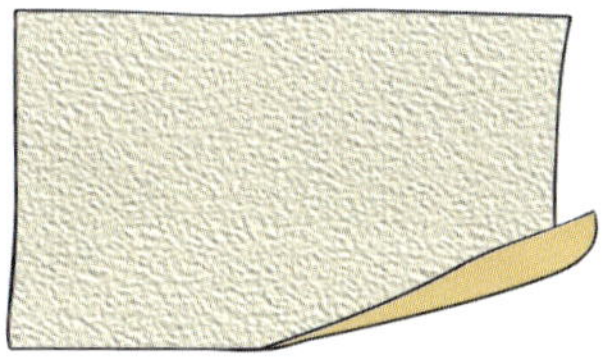
du papier de verre

un verre

LANGUE

■ Ferme les yeux. Touche, essaie de décrire et nomme chaque objet.
Utilise les adjectifs : *lisse, rugueux, doux, dur, froid.*

■ Passe chaque objet sur la joue d'un camarade qui ferme les yeux.
Peut-il le décrire et le nommer ?

Fais le bilan

■ Quel est l'organe du toucher ?
Que peux-tu savoir grâce à lui ?

33 Quelles odeurs reconnais-tu ?

■ Que fait cette personne ?

1

À ton avis

■ T'arrive-t-il de deviner le plat que tu vas manger avant de le voir ? Qu'est-ce qui te permet de deviner ?

À toi de chercher

■ Recherche les produits suivants :

■ Place chaque produit dans un gobelet.
Recouvre avec du papier aluminium.
Perce des petits trous dans le papier aluminium.

■ Fabrique une carte pour chaque produit.

■ Ferme les yeux et mélange les gobelets.
Sens-les.
Place devant chaque gobelet la carte qui convient.

■ Combien d'odeurs as-tu reconnues ? Compare ton résultat avec celui de tes camarades.

■ Quelles sont les odeurs que vous avez reconnues le plus facilement ?

34 Comment faire pour bien goûter ?

■ Que fait ce cuisinier ?

1

À ton avis

■ Quels sont les quatre goûts principaux ?

■ Que faut-il faire pour bien goûter un aliment ?

À toi de chercher

1. Prépare les quatre verres suivants :

de l'eau salée

de l'eau sucrée

de l'eau avec un peu de café

de l'eau avec des gouttes de citron

■ Goûte les quatre liquides.

■ Note pour chacun ce que tu ressens en utilisant les mots : *sucré, salé, acide, amer.* Quels sont les goûts que tu reconnais ?

2. Prépare les trois verres suivants :

■ Ferme les yeux, bouche-toi le nez et goûte chaque verre.

un verre d'eau

un verre de jus d'orange

un verre de jus de raisin

■ Nomme les liquides que tu reconnais.

■ Refais ensuite la même expérience avec le nez débouché.

■ Nomme les liquides que tu reconnais.

■ Écris ce que tu as constaté.

35 À quoi servent tes deux oreilles ?

1

À ton avis

- Est-ce que cette personne peut savoir de quel côté vient la voiture ? Comment peut-elle savoir qu'il s'agit d'une voiture ?

À toi de chercher

- Ferme les yeux. Demande à un de tes camarades de faire un bruit.
Peux-tu montrer où se trouve ton camarade ?
- Refais la même expérience en te bouchant l'oreille gauche, puis l'oreille droite.
- Quel est l'intérêt d'avoir deux oreilles ?

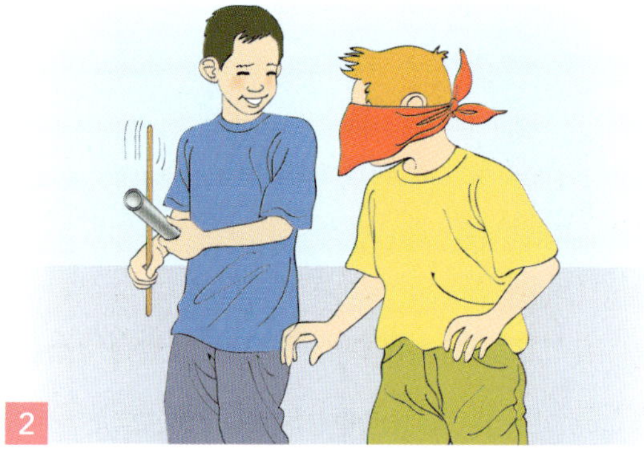
2

- Ferme les yeux et écoute attentivement les bruits de la classe, pendant une minute. Peux-tu raconter ce qui vient de se passer dans la classe ?

3

Sais-tu que…

On sait fabriquer des voitures électriques totalement silencieuses. Mais pour éviter les accidents, on les a rendues un peu bruyantes.

Fais le bilan

- Explique comment tu peux reconnaître une voiture uniquement grâce au bruit qu'elle fait.

36 Quel est l'intérêt d'avoir deux yeux ?

1

■ Que doit faire cet enfant avant de traverser la rue ?

À ton avis

■ Que se passerait-il si tu n'avais qu'un œil ?
Verrais-tu aussi bien les objets qui t'entourent ?

À toi de chercher

■ Regarde devant toi. Ferme l'œil gauche.

■ Déplace ta main devant toi de droite à gauche, quand elle disparaît, arrête-la.

■ Ouvre ton œil. Vois-tu ta main ?

■ Regarde devant toi et ferme un œil.

■ Essaie de mettre le bouchon sur un stylo.

■ Recommence l'expérience en ouvrant les deux yeux. Que constates-tu ?

Fais le bilan

■ Précise quel est l'intérêt d'avoir deux yeux.

37 Comment sont tes dents ?

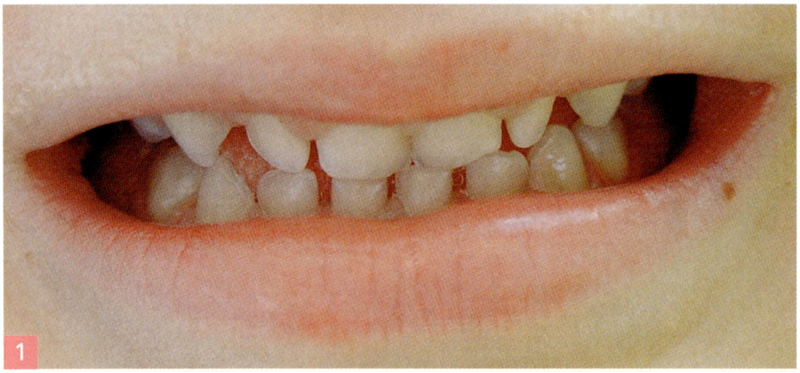

1

LANGUE

■ Décris la bouche de cet enfant de 4 ans en utilisant les mots suivants :
lèvre, gencive, dents, mâchoire.

À ton avis

■ Combien as-tu de dents ? Ont-elles toutes la même forme ?

■ Dessine tes dents.

■ Compare ton dessin à celui de tes camarades.

À toi de chercher

■ Fais l'empreinte de tes dents dans de la pâte à modeler en suivant les étapes 2, 3 et 4.

■ Compte tes dents.

LANGUE

■ Décris les empreintes de tes dents. Utilise leur nom : *incisive, canine, molaire.* Utilise les mots suivants pour décrire leur forme : *triangulaire, carrée, ronde, pointue, profonde, bosselée.*

■ Dessine et légende ton empreinte en t'aidant des dessins suivants :

○ △ □ ▭

■ Compare ton empreinte avec celles de tes camarades.

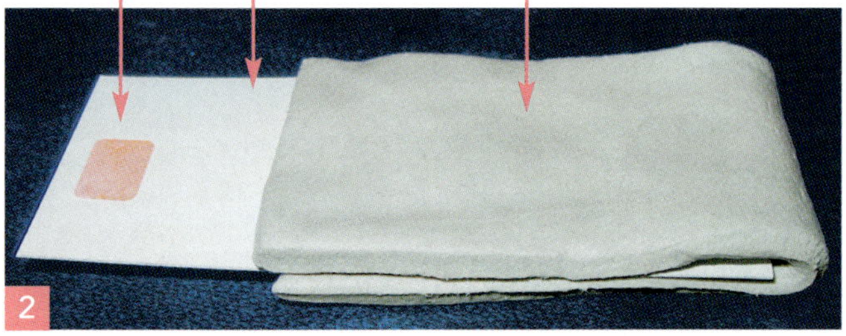

2

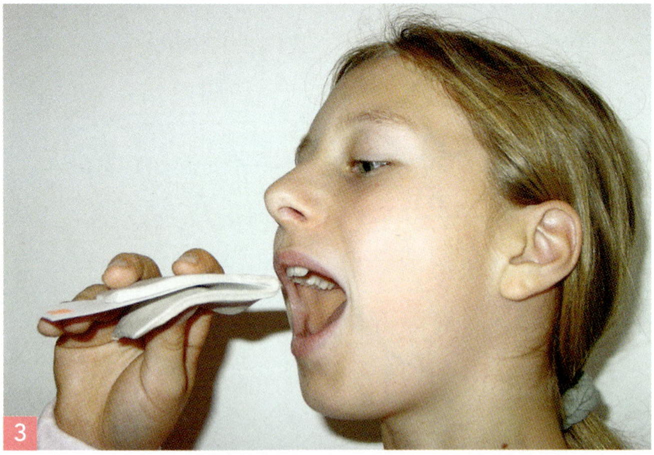

3

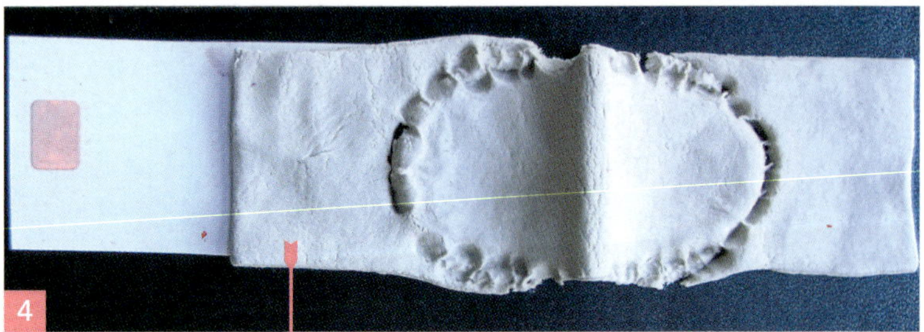

4

38 Tes dents sont-elles vivantes ?

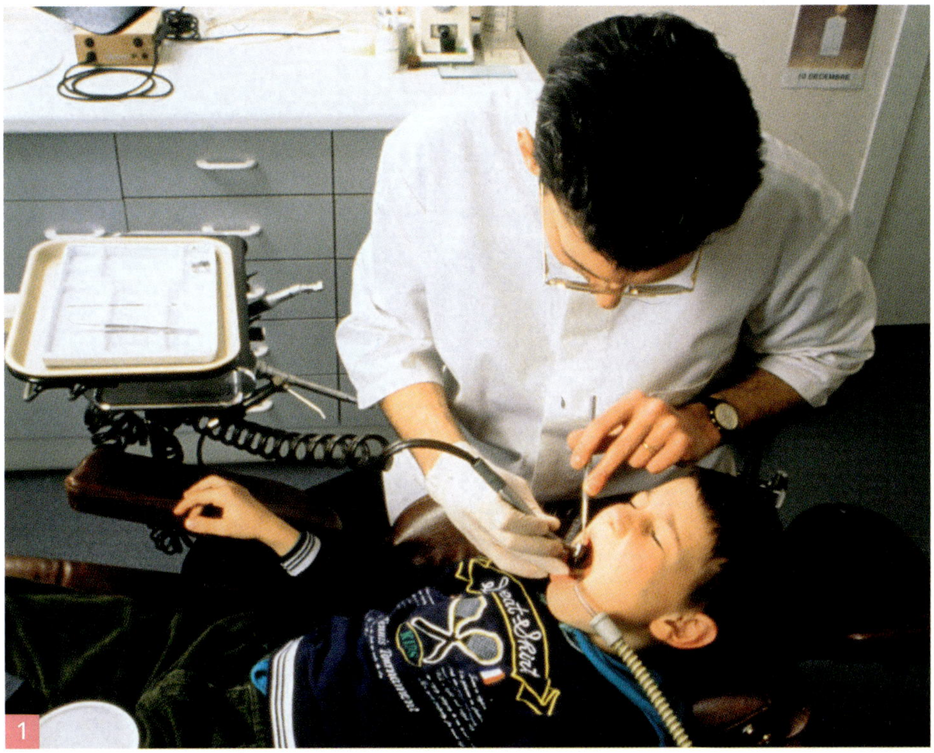

1

- Décris ce que fait le dentiste.
- Pourquoi va-t-on chez le dentiste ?

À ton avis

- Tes dents sont-elles vivantes ? Justifie ta réponse.

À toi de chercher

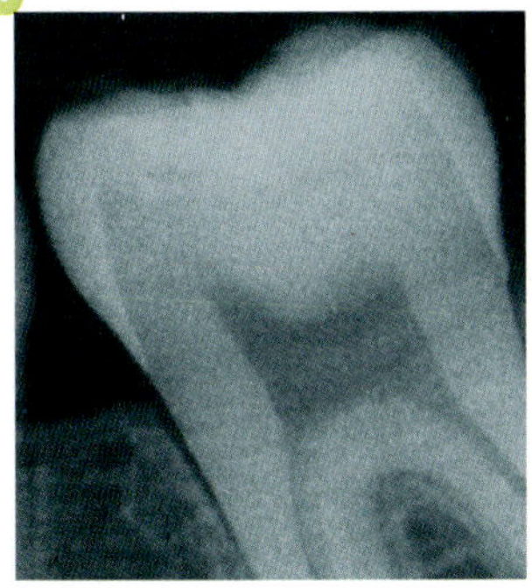

2 *Radio d'une molaire saine.*

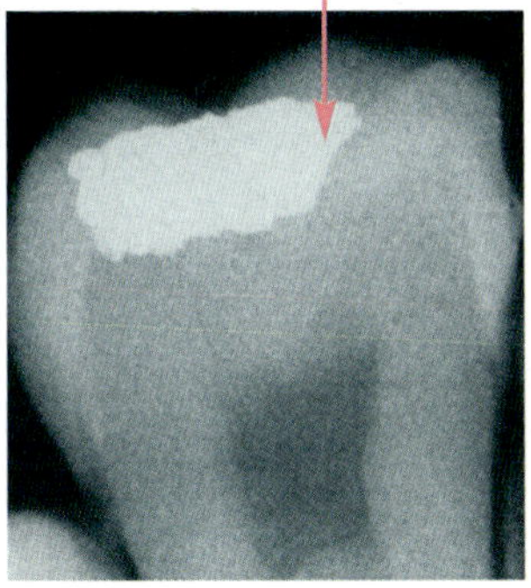

3 *Radio d'une molaire qui n'a jamais été douloureuse.*

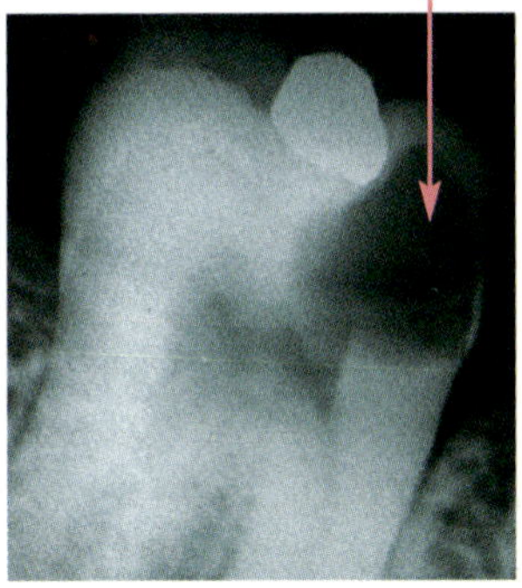

4 *Radio d'une molaire avec une carie douloureuse.*

- Décris les radios et décalque les photos 2 et 4.
- Pour chaque dessin, colorie la gencive en bleu et la partie sensible de la dent en rouge.
- Légende les dessins avec les mots suivants : *couronne, racine, carie, gencive, partie sensible.* Mets le titre.

Sais-tu que…

Il faut aller une fois par an chez le dentiste car même si tu n'as pas mal aux dents, tu peux avoir des petites caries.
Il faut se brosser soigneusement les dents matin et soir.

39 À quoi servent tes dents ?

1

■ Décris ce que fait cet enfant.

À ton avis

■ Tes dents ont-elles toutes le même rôle ? Écris ou dis ta réponse.

À toi de chercher

■ Décris ce que font tes dents quand tu manges une pomme, un morceau de pain, un morceau de sucre.

■ Compare tes observations avec celles de tes camarades.

■ Trouve le nom de chaque dent et l'outil qui lui correspond le mieux.

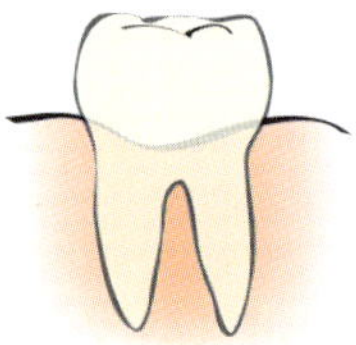
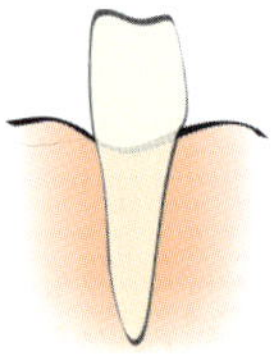
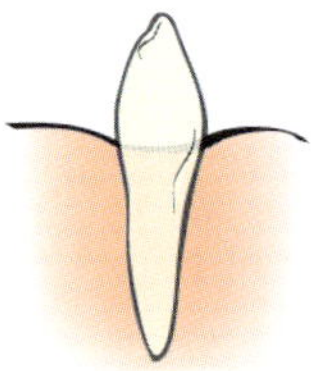

incisive

molaire

canine

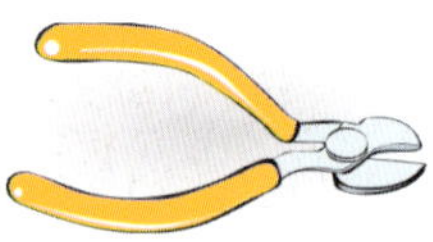
une pince

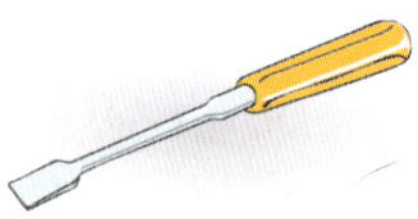
un tournevis

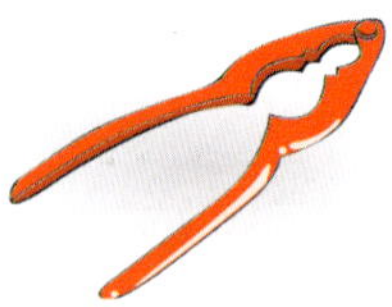
un casse-noix

une lime

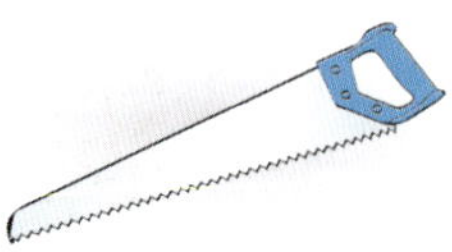
une scie

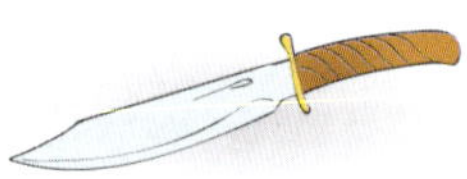
un poignard

Fais le bilan

■ Décalque ces trois dents et colorie en rose la partie cachée dans la gencive.

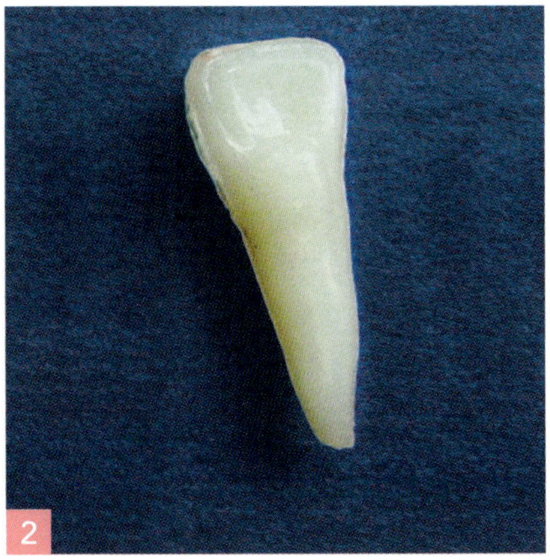

2 *incisive*

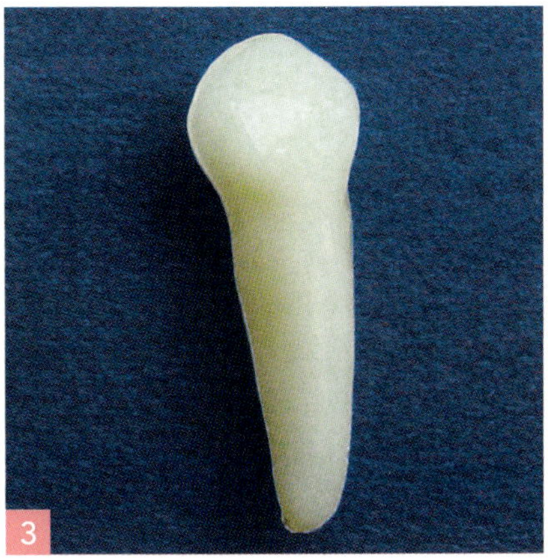

3 *canine*

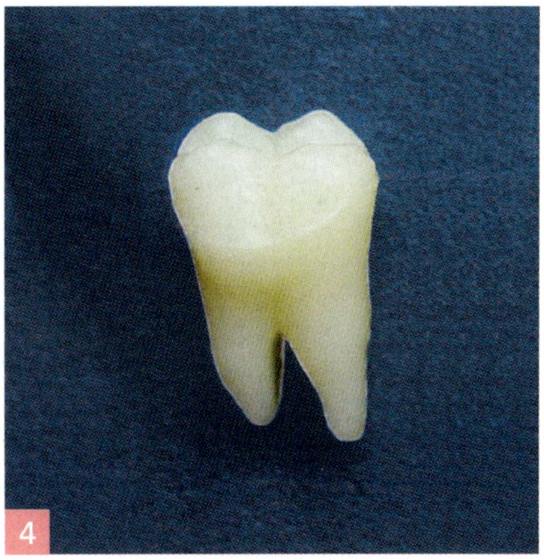

4 *molaire*

LANGUE

Fais trois phrases expliquant le rôle des dents.

Les incisives servent à…

Les canines servent à…

Les molaires servent à…

Pour t'aider, tu peux utiliser les mots suivants :
arracher, écraser, manger, triturer, digérer, couper, trancher, croquer, avaler, mastiquer, broyer, déchirer.

Sais-tu que…

Les défenses de l'éléphant sont les incisives du haut.

Ils ont 2 molaires par mâchoire. Chacune pèse entre 3 et 4 kg.

Au cours de leur vie, les énormes molaires des éléphants s'usent et elles peuvent être remplacées six fois.

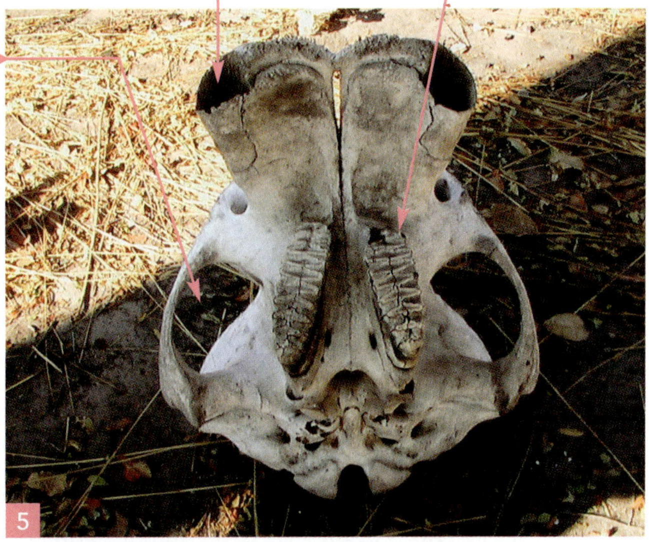

5 *Intérieur du crâne d'un éléphant, vu par en dessous.*

40 Comment passe-t-on de la dent de lait à la dent définitive ?

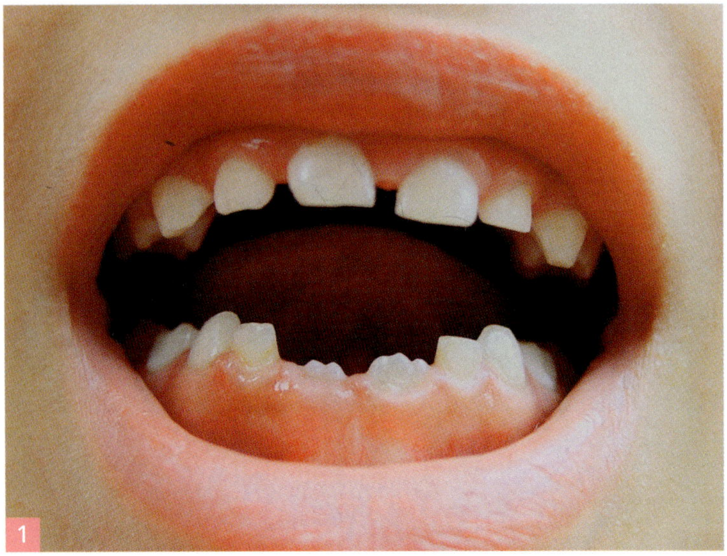
1

Dents d'un enfant de 7 ans.

■ Décris les photos 1 et 2 en utilisant les mots : *dents de lait, dents définitives, mâchoire supérieure, mâchoire inférieure, incisive, canine, molaire, gencive.*

À ton avis

■ Où se trouvent tes dents définitives dans ta bouche ?

■ Dessine tes idées sur ton cahier.

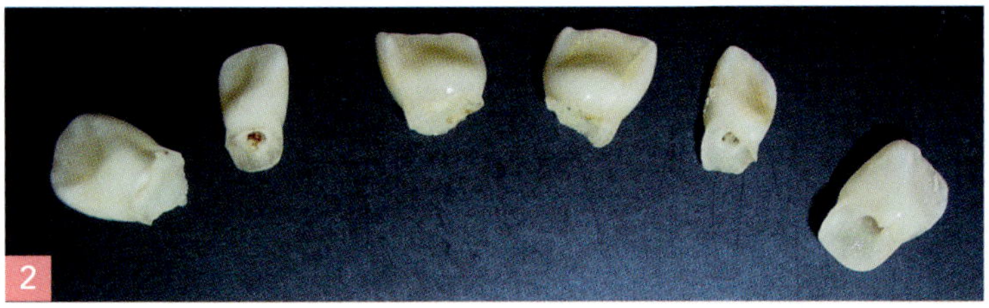
2

Dents de lait.

À toi de chercher

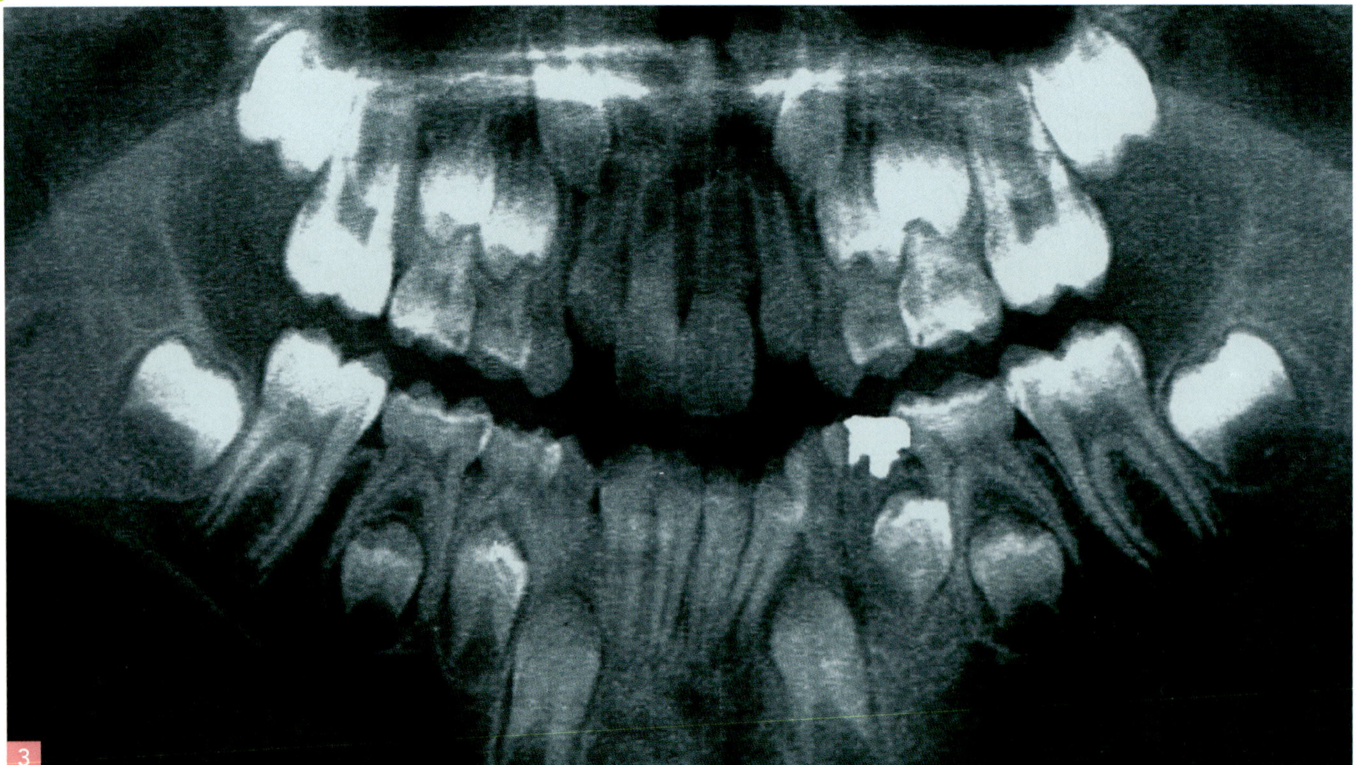
3

Radio des mâchoires d'un enfant de 9 ans.

■ Observe cette radio d'un enfant de 9 ans (document 3).

■ Situe la mâchoire du haut, la mâchoire du bas et l'emplacement de la langue.

■ Indique où se trouvent les dents de lait, les dents définitives et les futures dents.

Fais le bilan

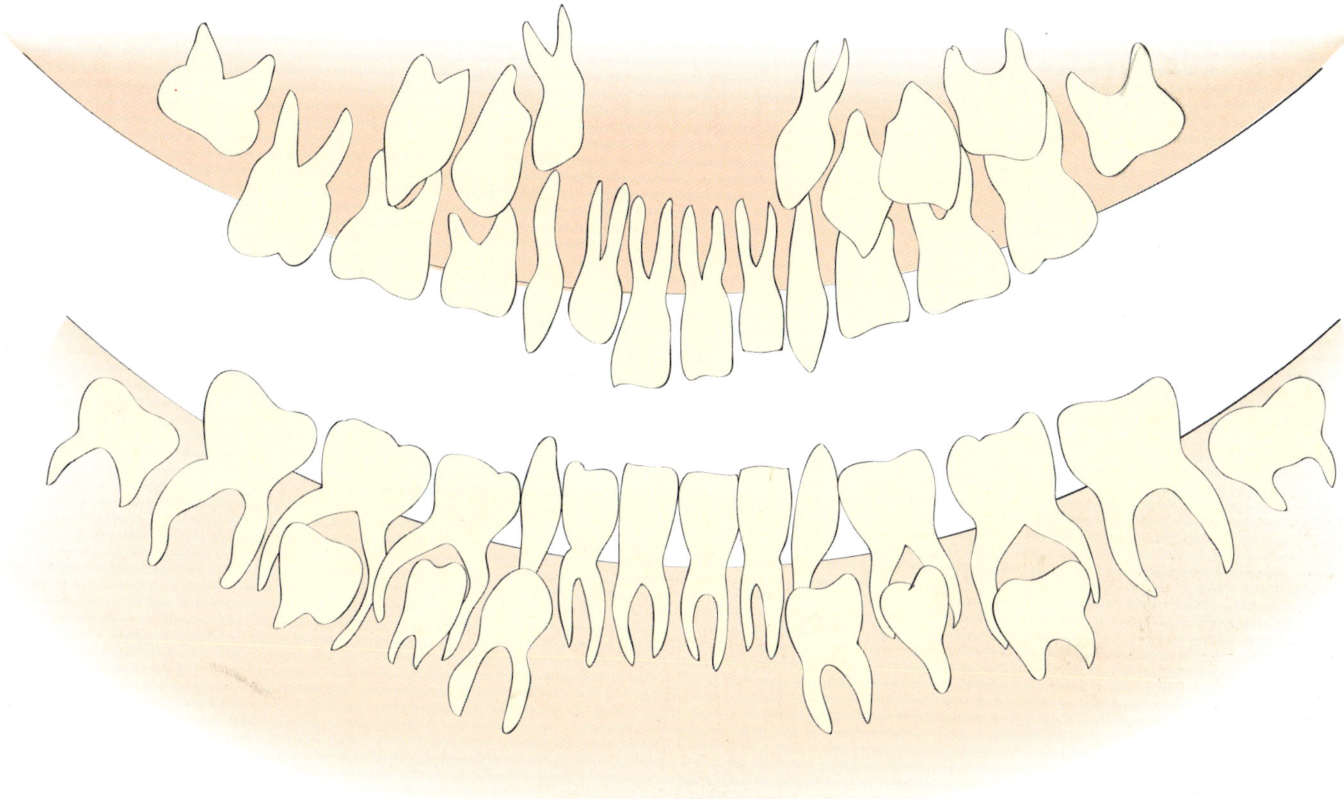

4 *Dessin de la radio du document 3.*

■ Décalque ce dessin.

■ Colorie en bleu les dents de lait, en rouge les dents définitives et en jaune les futures dents.

Sais-tu que...

Les enfants ont 20 dents de lait qui poussent entre 6 mois et 3 ans. Elles tombent entre 6 et 11 ans. Les adultes ont 28 dents définitives et parfois 4 dents de sagesse en plus.

41 Quel petit déjeuner pour être en forme ?

■ Recherche les photos des aliments que tu as mangés ce matin au petit déjeuner.

■ Colle-les dans ton cahier.

À ton avis

1 *Le petit déjeuner de Marine.*

2 *Le petit déjeuner de Lola.*

3 *Le petit déjeuner de Thomas.*

4 *Le petit déjeuner de Mehdi.*

■ Observe ces petits déjeuners. Quels enfants ne vont pas être en forme en fin de matinée ? À ton avis, pourquoi ?

À toi de chercher

■ En questionnant les quatre enfants, on a appris que Marine avait eu un malaise vers 10 heures.

5

6

- Que fait Marine pendant les cours et lors de la récréation (dessins 5 et 6) ?
- Pourquoi Marine a-t-elle eu un malaise ?
- Pour t'aider, tu peux comparer le petit déjeuner de Marine et les petits déjeuners présentés par la grenouille.

- Quels petits déjeuners de la page de gauche (1, 2, 3, 4) ne sont pas équilibrés ?
- Dans ton cahier, dessine-les et rajoute ce qui manque.

Fais le bilan

- Ton petit déjeuner te permet-il d'être en forme toute la matinée ?
Explique ta réponse.

Sais-tu que...

Dans les pays riches comme la France, il y a beaucoup d'adultes et d'enfants obèses. En effet, ces gens boivent trop de boissons sucrées et mangent trop d'aliments gras et sucrés.

42 Comment être en forme toute la journée ?

■ Voici des activités effectuées par des enfants :

1

2

3

4

5

6

7

8

9

? À ton avis

- Toutes ces activités sont-elles bonnes pour la santé ?

À toi de chercher

- Réalise un tri des vignettes 1 à 15 en trois groupes :

groupe 1	Ce qui est bon pour la santé	☺
groupe 2	Ce qui est mauvais pour la santé	☹
groupe 3	Ce que tu n'arrives pas à classer	?

- Compare avec le tri de tes camarades.
- Avec des adultes, discute de tes choix.

Fais le bilan

- En t'aidant des vignettes 1 à 15, raconte ce qu'il faut faire pour être en forme toute la journée.

Sais-tu que...

Par jour, l'idéal serait de passer moins de 2 heures devant un écran, de faire 1 heure ou plus de sport et de dormir 10 heures.

Je comprends mieux...

J'ai appris que...

● ENQUÊTES 28, 29 ET 30

■ Dans le bras et la jambe, il y a des os allongés.

▷ Retrouve une page du livre qui le prouve.

■ Entre ces os, il y a un espace appelé *articulation* qui permet aux bras et aux jambes de se plier.

▷ Retrouve une page du livre qui montre une articulation.

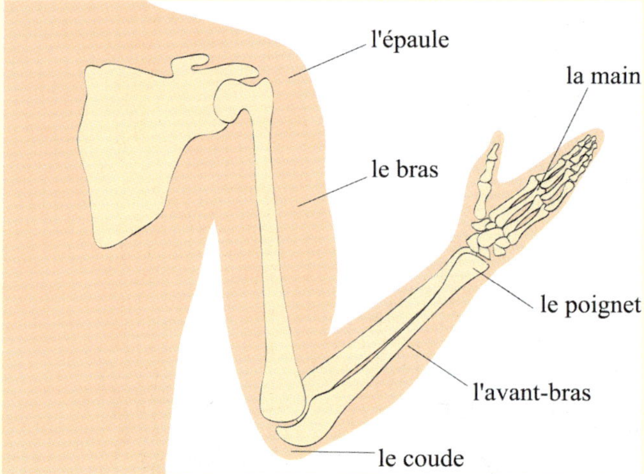

● ENQUÊTES 31, 32, 33, 34, 35 ET 36

■ Les organes des sens permettent de connaître le monde qui nous entoure : entendre de la musique, savoir s'il fait chaud ou froid…
Il y a cinq sens importants : *la vue, l'ouïe, le toucher, le goût, l'odorat.*

▷ Retrouve pour chaque sens la page qui en parle.

● ENQUÊTES 37, 38 ET 39

■ Les dents sont vivantes.
Les incisives coupent,
les canines arrachent
et les molaires écrasent.

▷ Recherche, page 62, le nom des outils qui fonctionnent comme les dents.

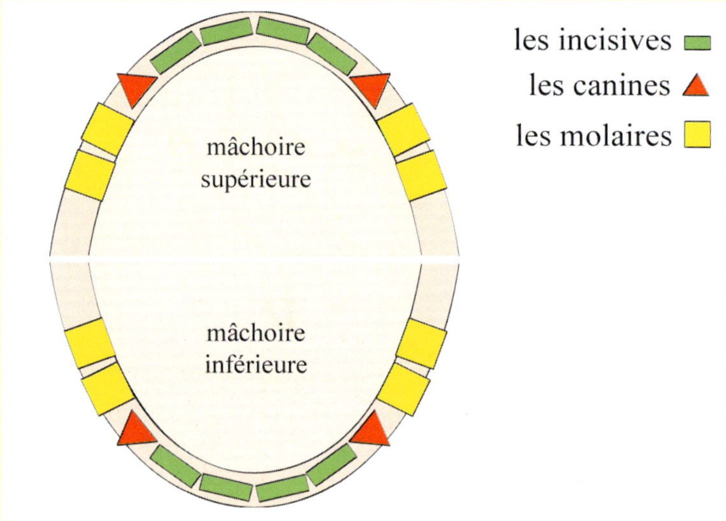

● ENQUÊTE 41

■ Il faut manger un petit déjeuner équilibré pour être en forme toute la matinée.

▷ Retrouve un exemple de petit déjeuner équilibré.

● ENQUÊTE 42

■ Il faut prendre soin de nos organes des sens !

▷ Recherche les dessins des pages 68-69 qui le montrent.

J'ai appris à comparer le fonctionnement de mon corps avec une maquette

● ENQUÊTE 28

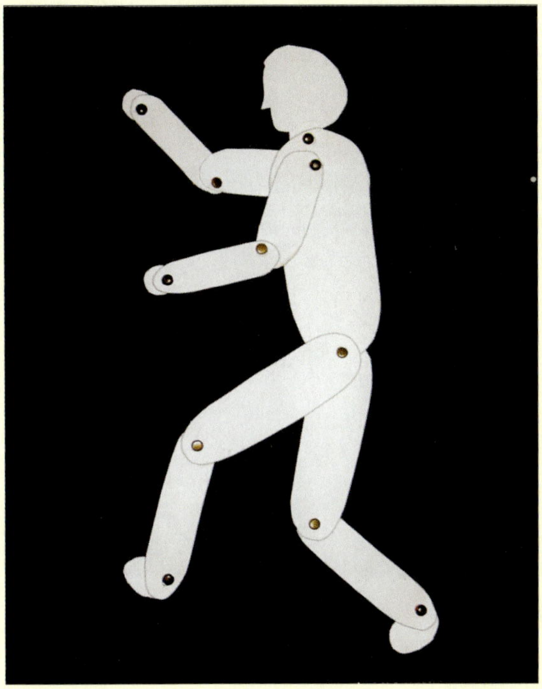

- Construis un pantin en t'aidant de la photo.
- Cite des mouvements du bras que tu peux faire et qui sont impossibles pour le pantin.
- Cite des mouvements du bras que peut faire le pantin et qui te sont impossibles.

J'ai appris à observer et à comprendre un document

● ENQUÊTE 40

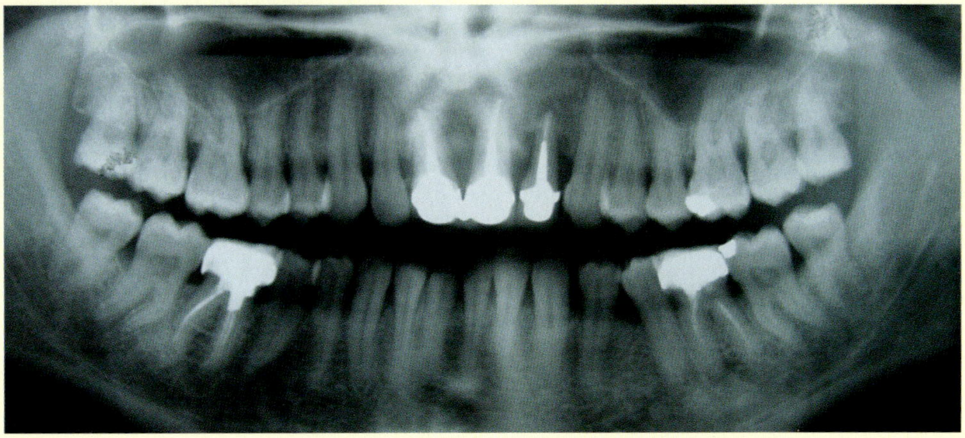

- Indique sur cette radio les incisives, les canines et les molaires
- Cette radio est-elle celle d'un enfant ou celle d'un adulte ? Explique ta réponse.

43 Comment faire pousser des plantes ?

1 *Dans un jardin en mars.*

2 *Dans un jardin en juin.*

LANGUE

■ Décris ce que fait le jardinier en utilisant les mots suivants : *terre, graines, plantes, semer, récolter.*

À ton avis

■ Que faut-il faire pour cultiver des plantes ? Que contient la graine ? Dessine l'intérieur d'une graine dans ton cahier. Compare avec tes camarades.

À toi de chercher

1. Fais tes plantations.

■ Mets de la terre dans une jardinière. Sème différentes graines.

■ Arrose régulièrement.

✎ Dessine et écris ce que tu viens de faire.

■ Pendant un mois, observe tes plantations.

✎ Dessine et décris ce que tu vois.

■ Compare tes résultats avec ceux de tes camarades.

3

2. Observe les différents moments de la vie d'un haricot.

4

5

6

LANGUE

- Dessine la plante de la photo 4.
Écris les légendes suivantes : *racines, tige, feuille.*
- Ouvre des graines de haricot et de petit pois, comme sur les photos 6 et 7.
- Dessine une graine ouverte.
Complète ton dessin en utilisant les mots : *germe ou plante miniature, petite racine, petite feuille.*
- Compare la graine du petit pois avec celle du haricot.

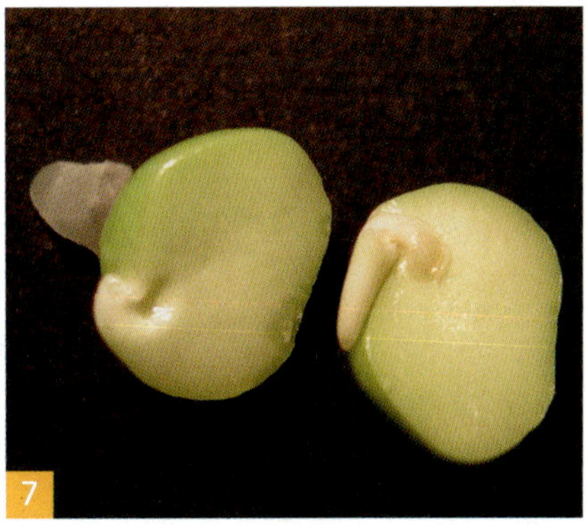
7

Fais le bilan

- Remets les trois photos (4, 5 et 6) dans le bon ordre.
- Décris ce qui se passe lorsqu'une graine germe.

Sais-tu que...

Les arbres sont également des plantes vertes qui naissent à partir d'une graine.

44 D'où viennent les fruits ?

1
Dans le verger en avril.

2
Dans le verger en septembre.

- Décris ces deux photos en utilisant les mots suivants : *fleurs, fruits, poire, poirier.*

À ton avis

- Que deviennent les fleurs ? Comment se forment les fruits ?

À toi de chercher

1. En mai, récolte des rameaux de poirier.

- Recherche ce qui est photographié ci-dessous (photos 3, 4 et 5).

3

4

5

- Décris ces photos sur ton cahier.
- Remets-les dans le bon ordre. Explique comment se forme la poire.

2. Ouvre des fruits.

- Ouvre une poire (photo 6). Que vois-tu ?

- Fais le même travail avec une tomate et une courgette (photos 7 et 8). Dessine et écris ce que tu vois.

- La tomate et la courgette sont des fruits. Explique pourquoi.

6 *Une poire.*

7 *Une tomate.*

8 *Une courgette.*

Fais le bilan

9

10

11

- La gousse du petit pois (photo 10) est un fruit. Explique pourquoi.
- Décris les trois photos (9, 10 et 11) et remets-les dans le bon ordre.
- Fais une ou deux phrases pour expliquer d'où vient le fruit.

45 Comment cultiver des pommes de terre ?

1 *Dans le jardin début mai.*

2 *Dans le jardin en juillet.*

■ Décris ce que fait le jardinier.

Sais-tu que...

Avant l'an 1600, en Europe, on ne mangeait pas de pommes de terre. Cette plante était cultivée par les Indiens, en Amérique du Sud. Ce sont les navigateurs espagnols qui l'ont ramenée en Europe.

À ton avis

■ Que donne une pomme de terre mise dans la terre ?

À toi de chercher

■ Laisse germer des pommes de terre.

■ Plante-les dans un jardin.

■ Observe régulièrement tes plantations. Déterre un pied de pomme de terre. Dessine ce que tu vois. Mets les légendes suivantes : *tige, feuilles, fleurs, tubercules.*

LANGUE

■ Compare ton dessin avec les photos 3 et 4.

■ Explique comment on cultive des pommes de terre.

3

4

46 Comment grandissent les arbres ?

Le marronnier en janvier.

Le marronnier en avril.

LANGUE

■ Décris cet arbre en hiver et au printemps en utilisant les mots suivants : *tronc, branches, feuilles, fleurs, rameaux, bourgeons.*

Sais-tu que...

Certains arbres peuvent vivre plusieurs centaines d'années.
En France, les arbres les plus âgés ont plus de 2 000 ans.

À ton avis

■ D'où viennent les feuilles et les fleurs du marronnier ? Compare tes idées avec celles de tes camarades.

À toi de chercher

■ En hiver, coupe un rameau de marronnier.

■ Place-le dans une bouteille remplie d'eau. Mets-le dans la classe.

■ Observe-le régulièrement.

■ Dessine et décris ce que tu vois.

■ Au bout d'un mois, tu peux obtenir des feuilles comme sur la photo 3. D'où viennent-elles ?

Fais le bilan

■ Explique comment le marronnier grandit.

47 Comment reconnaître un arbre ?

À ton avis

- Quel est le nom de ces arbres ? Quels détails faut-il observer pour les reconnaître ?

À toi de chercher

- Comment reconnaître un arbre à l'aide des feuilles ?

Sur ton cahier, décris les feuilles du document 3 avec des mots ou des dessins. Compare avec tes camarades.

- Essaie de classer ces feuilles.

Fais le bilan

- Cherche le nom des deux arbres de la page 78, à l'aide du document 3.
- À quoi l'homme utilise-t-il ces deux arbres ?

Les utilisations de l'arbre de la photo 1.

Les utilisations de l'arbre de la photo 2.

- Observe un arbre dans la cour ou dans la nature.
- Cherche le nom de cet arbre à l'aide du document 3.
- Enquête pour savoir à quoi l'homme utilise l'arbre que tu as observé.

le hêtre

l'orme

le tilleul

le marronnier

le bouleau

l'épicéa

48 Comment accueillir au mieux des escargots dans notre classe ?

1 *Le temps est humide et chaud ; cet escargot est actif : il se déplace et mange.*

2 *Le temps est très sec et froid ; cet escargot dort.*

Sur ton cahier, décris les deux escargots.

Écris les différences que tu vois entre les deux lieux.

À ton avis

- De quoi les escargots ont-ils besoin pour être actifs ?

Dans ton cahier, fais la liste de ces besoins. Compare avec tes camarades.

À toi de chercher

1. Que mange l'escargot ?

- Comme sur la photo 3, ne donne que de la salade à manger à tes escargots.

Écris sur ton cahier si l'escargot en a mangé ou non.

3

■ Refais des expériences en donnant à l'escargot d'autres aliments.

Écris sur ton cahier tes résultats.

2. Où pond l'escargot ?

4

Sais-tu que...

L'escargot a dans sa bouche une langue râpeuse pour manger ses aliments.

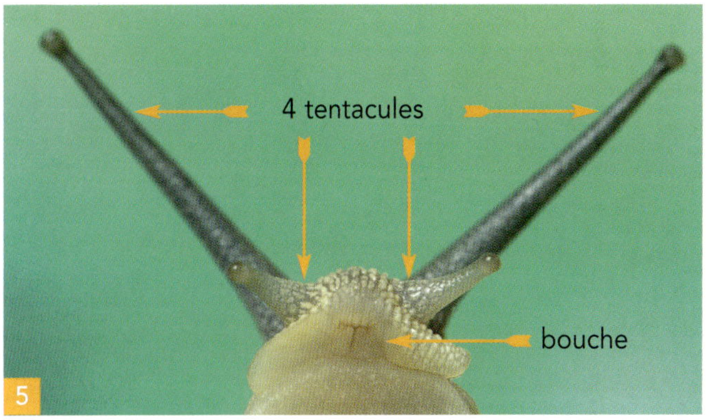

5

■ Observe la photo 4.

Écris sur ton cahier où pond cet escargot en utilisant les mots suivants : *terre, escargot, œufs, humide.*

LANGUE

Sais-tu que...

Les escargots n'arrivent pas à ramper sur de la cendre. Les jardiniers écologistes protègent ainsi leurs salades.

Fais le bilan

■ Compare tes observations avec celles de tes camarades.

Écris sur ton cahier ce qui a été retenu pour bien accueillir des escargots dans la classe.

6

49 Comment naissent les animaux ?

■ Que fait cette poule ?

1

À ton avis

■ Que vont devenir les œufs ?

■ Tous les animaux naissent-ils à partir d'un œuf ?

À toi de chercher

1. Dans la basse-cour, voici ce que l'on peut voir :

2

3

■ Décris ces photos.

■ Compare la poule et le coq. Utilise les mots suivants : *crête, plumes, pattes.*

■ Comment naît le poussin ?

■ Cite d'autres animaux qui naissent de la même façon.

4

Sais-tu que...

Sans coq dans la basse-cour, les œufs pondus par la poule ne donneront jamais de poussins.
Pour obtenir des poussins, il faut que le coq et la poule s'accouplent.

LANGUE

2. Dans les prés, voici ce que l'on peut voir :

5

6

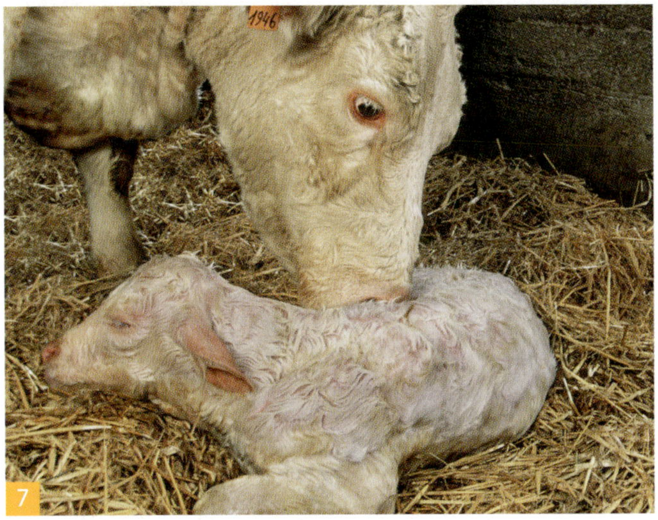

7

- Décris ces photos.
- Comment naît le veau ?
- Cite d'autres animaux qui naissent de la même façon.
- Compare la vache et le taureau.

Fais le bilan

8

9

10

LANGUE

- Décris ces photos en utilisant les mots suivants : *brebis, agneau, truie, porcelets, oie, oisons.*
- Comment naissent ces animaux ? Regroupe-les en deux ensembles.

50 Comment se nourrissent les animaux ?

1

2

3

LANGUE

■ Dis ou écris ce que mangent ces trois animaux en utilisant les mots : *herbe, souris, viande, graines, vers, carnivore, omnivore, végétarien.*

À ton avis

■ Comment le chat peut-il tuer une souris ?

■ Tous les animaux ont-ils les mêmes dents ?

À toi de chercher

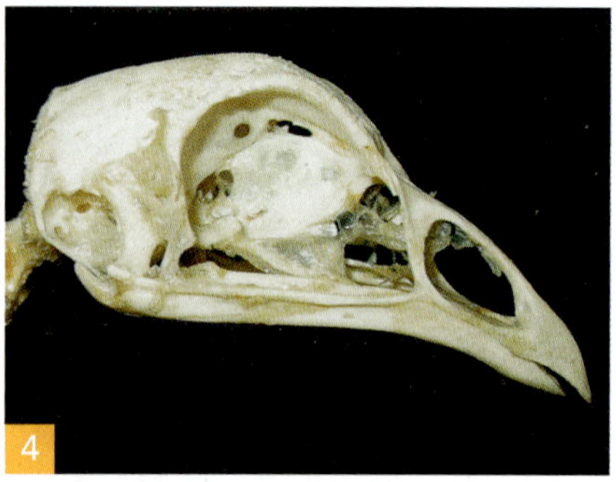
4

longueur du crâne : 4 cm

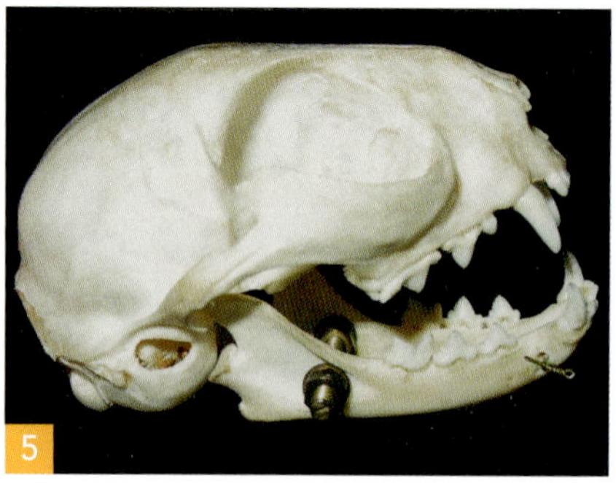
5

longueur du crâne : 6 cm

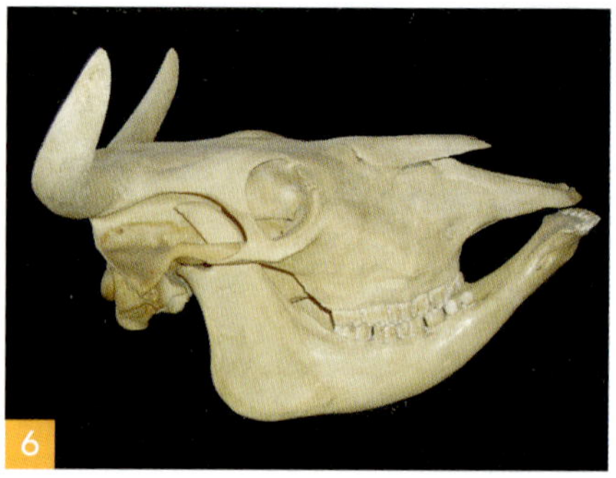
6

longueur du crâne : 50 cm

■ Écris dans ton cahier le numéro des crânes puis le nom de chaque animal. Explique comment tu as reconnu ces crânes.

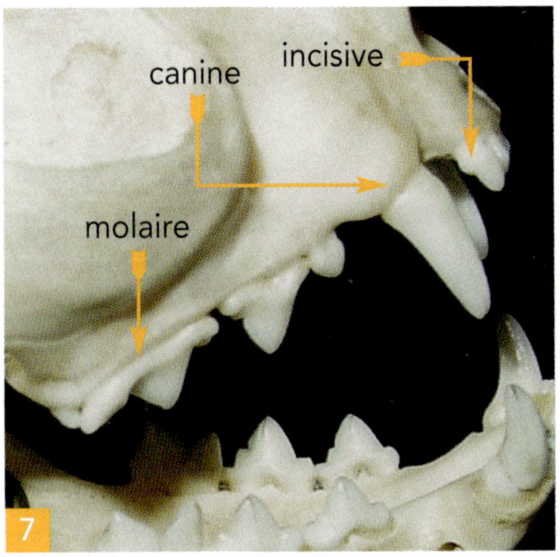

Les incisives, les canines et les molaires du chat.

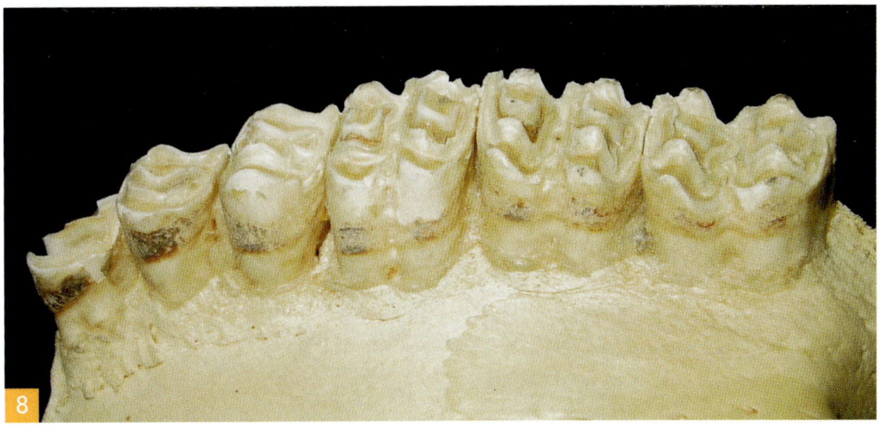

Les molaires de la vache.

Dessine une canine de chat.
Mets les légendes suivantes : *os de la mâchoire, dent.*

■ À quel outil ressemblent les canines du chat ?

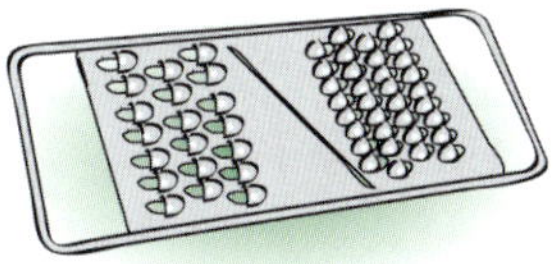

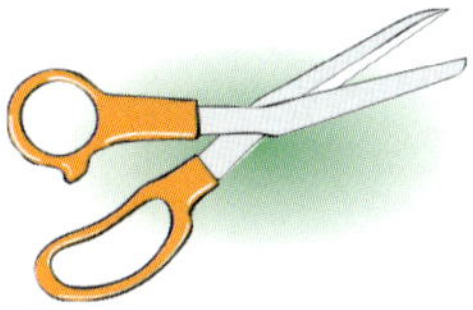

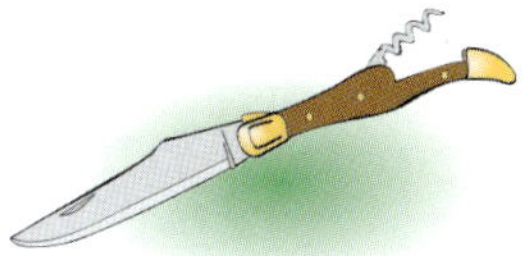

Recopie ce tableau. Complète-le en dessinant les dents.

	Nourriture	Dessin des incisives	Dessin des canines	Dessin des molaires
Le chat				
La vache			*Pas de canines*	

■ À quel outil ressemblent les molaires de la vache ?

Sais-tu que...

La poule mange des petits cailloux. Ils lui permettent d'écraser les graines dans son gésier (estomac).

Fais le bilan

LANGUE

Recopie ces deux phrases et complète-les en utilisant les bons mots.

- Le chat est un animal ......
(végétarien, omnivore, carnivore)
- Il tue sa proie à l'aide de ses ......
(incisives, canines, molaires)

■ Fais deux autres phrases pour la vache.

51 Comment classer les animaux ?

Un champ près de la ferme, le jour.

Le même champ, la nuit.

- Nomme les animaux présents le jour.
- Nomme ceux qui sont actifs la nuit.

Sais-tu que...

La chauve-souris est un animal étonnant : elle vole, elle a une fourrure et les mères allaitent leurs petits.

À ton avis

- Peux-tu faire d'autres regroupements que celui que tu as fait page de gauche ?
- Avec quels animaux peux-tu regrouper la chauve-souris ?

À toi de chercher

Voici quelques animaux présents près de la ferme.

un brochet

une chouette

une carpe

une chauve-souris

une poule

une grenouille

un lézard

un moineau

un renard

une salamandre

une vipère

une vache

- Recopie le nom des animaux sur des Post-it.
- Mets ensemble les animaux qui se ressemblent.
Explique ton classement.
- Compare ton classement avec celui qui est proposé pages 90-91.

Fais le bilan

- Explique pourquoi la chauve-souris est un mammifère.

52 Comment sont produits nos aliments ?

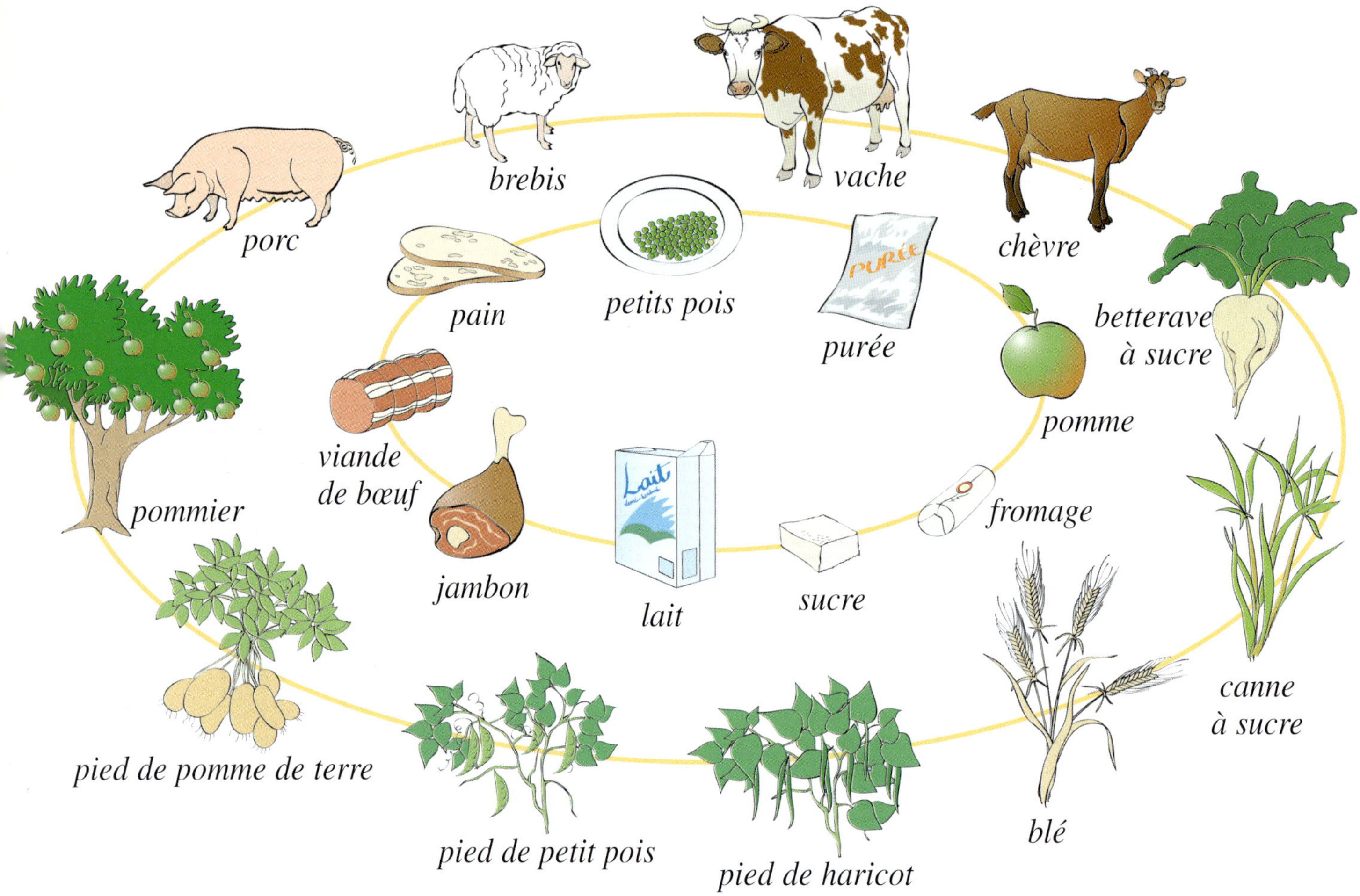

■ Que vois-tu dans le petit cercle ? Que vois-tu dans le grand cercle ?

À ton avis

■ D'où vient le lait ?

■ À partir de quoi sont faits le beurre et le fromage ?

■ Quel est le lien entre les aliments et les animaux ou les végétaux ?

À toi de chercher

■ Explique comment est produit chaque aliment en t'aidant des dessins.
Compare ton travail avec celui de tes camarades.

■ Cite plusieurs aliments fabriqués à partir de la brebis.
Cite les végétaux qui servent à produire le sucre.

53 Comment protéger les cultures ?

Des larves de doryphore sur des feuilles de pomme de terre.

Sais-tu que...

Dans certains pays chauds, des nuées de criquets se déplacent et dévorent les récoltes. Ils peuvent provoquer des famines.

Nuée de criquets sur un champ.

- Que font les larves de doryphore ?
- La récolte de pommes de terre sera-t-elle bonne ? Explique pourquoi.

À ton avis

- Comment peut-on lutter contre les animaux qui dévorent les cultures ? Propose différentes possibilités.

À toi de chercher

- Procure-toi un pied de rosier. Des pucerons vont s'installer assez vite.
- Procure-toi des larves de coccinelle. Mets-les sur le rosier près des pucerons. Décris ce que tu vois.

Les coccinelles sont des carnivores.

- Décris ce que fait la coccinelle (photo 3).
- Certains arboriculteurs lâchent des coccinelles dans leurs vergers. Explique pourquoi cela est intéressant.

LE MONDE VIVANT

Les animaux et les végétaux naissent, grandissent puis meurent. Ils se nourrissent et ils se reproduisent.
Ce sont des organismes vivants.
Parmi les organismes vivants, on trouve les **végétaux**, les **animaux** et les **champignons**.

Le monde animal

Le ver de terre

► Les **vers** ont un corps mou et nu.

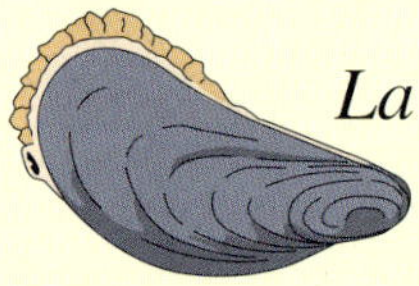
La moule

► Les **mollusques** ont un corps mou souvent protégé par une coquille. L'escargot vit dans une coquille. La moule est protégée par une coquille faite de deux valves.

L'escargot

Le homard

► Les **crustacés** ont le corps et les pattes recouverts d'une carapace. Ils vivent dans l'eau de mer comme les crabes ou les homards, ou dans l'eau douce comme l'écrevisse.

Le crabe

Le papillon

Le scorpion

Le mille-pattes

► Les **insectes**, par exemple le papillon, ont six pattes.
► Les **arachnides**, araignées et scorpions ont huit pattes.
► Les **mille-pattes** ont beaucoup de pattes.

Tous ces animaux sont des invertébrés car ils n'ont pas de squelette à l'intérieur de leur corps.

► Les **vertébrés** possèdent un squelette à l'intérieur de leur corps.

Comment regroupe-t-on les vertébrés ?

Le requin

La truite

► Les **poissons** vivent dans l'eau et se déplacent à l'aide de nageoires. Le corps est couvert d'écailles.

La grenouille

► Les **amphibiens** vivent près de l'eau.
Ils ont quatre pattes. Leur peau est lisse et humide.

La salamandre

Le crocodile

Le serpent

La tortue

► Les **reptiles** vivent sur la terre. La plupart ont quatre pattes, mais certains n'en ont pas.
La peau est couverte d'écailles soudées entre elles.

► Les **oiseaux** ont deux pattes et deux ailes.
La peau est couverte de plumes. Le jeune sort d'un œuf.

La poule

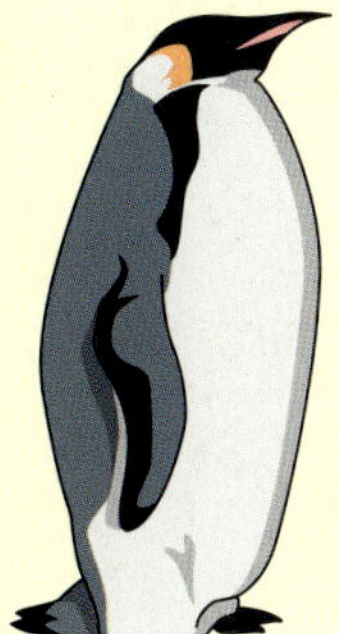

Le manchot

Le chien

► Les **mammifères** ont quatre pattes. La peau est couverte de poils. Le jeune sort du ventre de la mère. La femelle a des mamelles et allaite ses petits. L'homme est un mammifère.

La chauve-souris

Je comprends mieux...

J'ai appris que...

● ENQUÊTES 43 ET 44

- La graine contient une plante miniature. Une graine peut germer et donner une plante.
- Une plante a des racines, des tiges et des feuilles.
- La plante produit des fleurs qui se transforment en fruits.
- Un fruit contient une ou plusieurs graines.

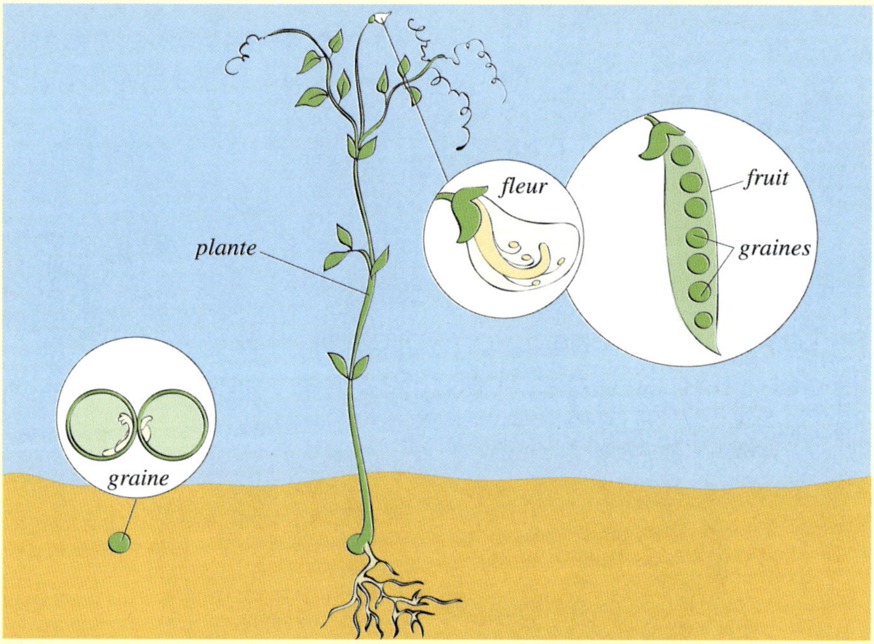

Quelques étapes de la vie du petit pois.

▷ Cite trois fruits étudiés dans l'enquête 44. Qu'ont-ils en commun ?

● ENQUÊTE 45

Un tubercule de pomme de terre donne un pied de pomme de terre. Celui-ci redonne plusieurs tubercules.

● ENQUÊTES 46 ET 47

Au printemps, les bourgeons s'ouvrent et les arbres se couvrent de feuilles et de fleurs.

● ENQUÊTES 48 ET 49

- Certains animaux comme les oiseaux naissent en sortant d'un œuf. Ce sont des ovipares.
- D'autres comme les mammifères naissent en sortant du ventre de la femelle. Ce sont des vivipares.

▷ Retrouve dans ces deux enquêtes deux animaux ovipares et deux animaux vivipares.

● ENQUÊTES 48 ET 50

- Les animaux, pour vivre, se nourrissent. Les carnivores mangent des animaux, les végétariens mangent des végétaux et les omnivores mangent à la fois des animaux et des végétaux. La forme des dents dépend de l'alimentation.

▷ Retrouve dans ces deux enquêtes un animal carnivore et un animal végétarien. Lequel a des canines très pointues ?

● ENQUÊTES 51, 52 ET 53

■ Tous nos aliments sont produits par les plantes ou par les animaux. Chacun doit essayer de préserver les richesses de la Terre.

J'ai appris à faire un dessin

● ENQUÊTE 43 (REPRIS DANS LES ENQUÊTES 44, 45, 46)

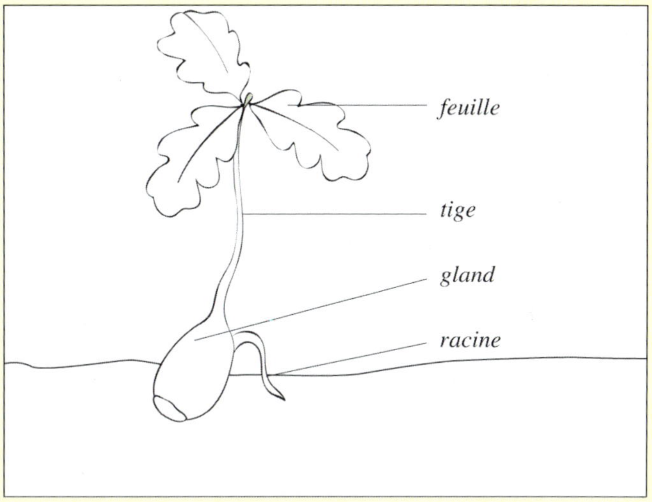

La germination du chêne.

Pour faire un dessin :
- Dessine l'objet le plus grand possible.
- Utilise un crayon papier.
- Écris des légendes et un titre.

Relie les légendes au dessin avec des traits tirés à la règle.

J'ai appris à lire et à écrire un tableau

● ENQUÊTES 43, 44, 49 ET 50

Il ou elle	La vache	Le petit pois	Un caillou
se déplace	*oui*	*la graine peut se déplacer*	*non*
naît et grandit			*non*
meurt	*oui*		
se reproduit			
se nourrit		*oui*	

▶ Recopie ce tableau et complète les colonnes.

▶ Explique pourquoi tu peux dire que le caillou n'est pas vivant.

54 À quoi servent les images ?

Pendant les vacances, Benjamin a visité une ville.

1

2

3

4

À ton avis

- Quelle ville Benjamin a-t-il visité ? Explique comment tu as trouvé.

À toi de chercher

- Observe les photos 3 et 4. Que fait Benjamin ?
- Comment s'appellent les images que regarde Benjamin ? À quoi servent-elles ?
- Regarde à nouveau toutes les photos. Cherche ce qu'elles t'apprennent sur cette ville. Fais la liste de ce que tu as trouvé.
- Avais-tu repéré ce dessin (document 5) ? À quoi vois-tu qu'il présente la ville d'Annecy ?

5 ANNECY

Fais le bilan

- Imagine ce que Benjamin a pu faire pendant ses vacances. Sur ton cahier, recopie le numéro des dessins et réponds par :

possible *impossible*

6

7

8

- Est-ce que tu sais tout sur cette ville ? À quoi t'ont servi ces images ?
- Trouve des images de ta ville ou de ton village : cartes postales, plans, logos, affiches, photos. Regarde bien ce qu'elles racontent.
- Avec ces images, fabrique une affiche qui présente là où tu habites.

55 Que racontent les images ?

1

2

À ton avis

- Où habite Benjamin ? Où habite Safia ?
- Fais un petit texte qui explique où vit chaque enfant.

À toi de chercher

3

Regarde la photo ci-dessus. Retrouves-tu la maison de Safia ? Et celle de Benjamin ?

En regardant les photos 1 et 2, est-ce que tu avais deviné que Safia et Benjamin étaient voisins ?

Pourquoi est-ce que c'était difficile ? Fais la liste de tes idées.

Avec des équerres sur la photo 3 :

1. Retrouve le **cadre** choisi pour les photos 1 et 2.
2. Fais des **cadrages** qui racontent autre chose.

4

Photographie ce que tu vois autour de ton école en montrant des **points de vue** très différents.

Fais le bilan

On dit qu'il ne faut pas croire tout ce que disent les images. Pourquoi ?

56 Comment dessiner ce que l'on voit ?

Benjamin habite à Groisy, dans les Alpes.

1

■ Pour aider les élèves à mieux voir le paysage, la maîtresse a pris une photo et l'a retouchée (photo 2).

2

Au premier plan, le village de Groisy ; au second plan, les collines ; à l'arrière-plan, les montagnes.

■ Ensuite, en s'aidant de la photo retouchée, Benjamin a fait cette peinture (document 3).

3

À ton avis

- Qu'est-ce qui ressemble le plus au paysage : le dessin ou la peinture ?

À toi de chercher

- Relève tout ce que Benjamin a dessiné sur le document 1.
Écris ces mots sur des étiquettes (par exemple : *les montagnes, le réverbère…*).
Avec tes camarades, regroupez vos étiquettes sur deux affiches.

Benjamin le voit depuis son école

les montagnes

Benjamin sait que ça existe mais il ne le voit pas

le réverbère

Fais le bilan

- Avais-tu déjà vu la photo prise par la maîtresse ? Retrouve-la dans ton manuel.
Qu'a changé la maîtresse pour aider les enfants à mieux voir ?
- Sur des photos de toutes sortes, entraîne-toi à trouver **les grandes lignes du paysage**.

1. Utilise : de la pâte à modeler, des lacets, des feutres, etc. (photos 4 et 5).

2. Remplis les **surfaces** en montrant bien les différences entre les **zones**. Change de couleurs, de matières, d'outils (photo 6).

4

5

6

57 Que regarder autour de soi pour comprendre la vie des hommes ?

À ton avis

Si on te dit comment on vit, est-ce que tu peux trouver nos traces sur une photo ?

J'habite une ferme près de l'école : mon papa est éleveur. Il a des vaches.
Au printemps, elles broutent dans les prés du village. En été, elles vont en montagne dans les alpages.
En automne, elles redescendent et restent dans les prés jusqu'à l'arrivée de la neige.
En hiver, elles sont à l'étable : on leur donne le foin qu'on a ramassé dans les prés pendant l'été.
Avec le lait des vaches, on fait des fromages.

Benjamin

Je viens d'arriver à Groisy.
J'habite à côté de chez Benjamin, dans un immeuble récent.
Mon papa et ma maman travaillent en ville, à Annecy. Ils partent tous les matins par l'autoroute et rentrent tous les soirs.
À l'école, je mange à la cantine.
Je suis contente d'avoir déménagé.
J'ai plus de place qu'avant pour jouer !
Et j'aime bien aller voir les vaches de Benjamin.

Safia

Au printemps

En été

En automne

En hiver

- Mets-toi avec un camarade. Prenez deux livres.
- – Lisez ce que racontent les enfants.
- – Regardez le paysage dans lequel ils vivent sur l'autre livre, page 97.

À toi de chercher

1. Les vaches de Benjamin

■ Dans le texte, cherche où sont les vaches à chaque saison.
Écris le nom de ces espaces sur des Post-it.
Place-les au bon endroit sous le nom des saisons (page de gauche).

■ Sur le paysage page 97, montre ces espaces. Pourquoi ne voit-on pas de vaches ?

2. Le trajet des parents de Safia

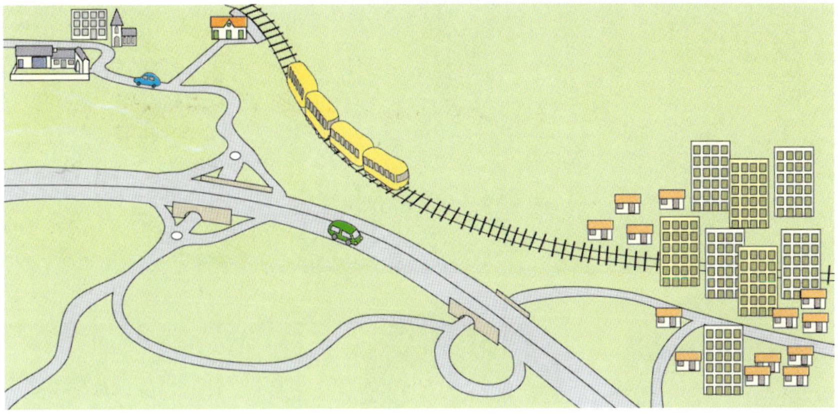

■ Voici plusieurs manières d'aller en ville. Sur ton cahier, dessine le circuit des parents de Safia. Aide-toi du texte et du dessin.

■ Est-ce que l'on voit des routes sur la photo page 97 ? Quels indices nous montrent qu'il y en a ?

3. La vie des habitants de Groisy

■ Beaucoup de gens travaillent en ville et habitent à la campagne dans des immeubles ou des maisons. Sur le paysage page 97, montre les habitations.

Fais le bilan

■ Sur des étiquettes, écris tout ce que tu as regardé ou cherché pour comprendre la vie des habitants de Groisy. Écris un mot par étiquette.

■ Regroupe ces mots sur trois affiches :

Le cadre, l'habitat	*La végétation, les cultures, l'élevage*	*Les moyens de transport, les voies de communication*
Là où vivent les hommes.	*Les animaux et les végétaux que les hommes utilisent.*	*Ce qui permet de transporter les hommes et les marchandises.*
la ferme	*les prés*	*l'autoroute*
la montagne		

■ Sur trois nouvelles affiches, note ce que tu vois là où tu habites.

■ Chez toi, est-ce que l'on vit comme à Groisy ? Quelles sont les ressemblances ? Quelles sont les différences ?

58 Que disent les maisons dans le paysage ?

1 *Une ferme en Islande.*

Bachar

Yoko

Kari

2 *Au Maroc, une oasis au bord du Todra.*

3 *Nagoya : une grande ville au Japon.*

À ton avis

- Si Yoko, Kari et Bachar te montrent là où ils habitent, peux-tu trouver comment ils vivent ?
- Donne à chaque enfant son paysage. Explique comment tu as fait pour trouver.

Vérifie tes réponses sur le planisphère, page 116.

À toi de chercher

- Choisis un des trois paysages.

1. Sur un transparent, dessine les grandes lignes du paysage. N'oublie pas le cadre !

2. Sur une photocopie agrandie, reconstitue ce paysage. Utilise :
- du papier journal pour les maisons,
- du papier de soie pour la végétation,
- du ruban pour les routes.

4

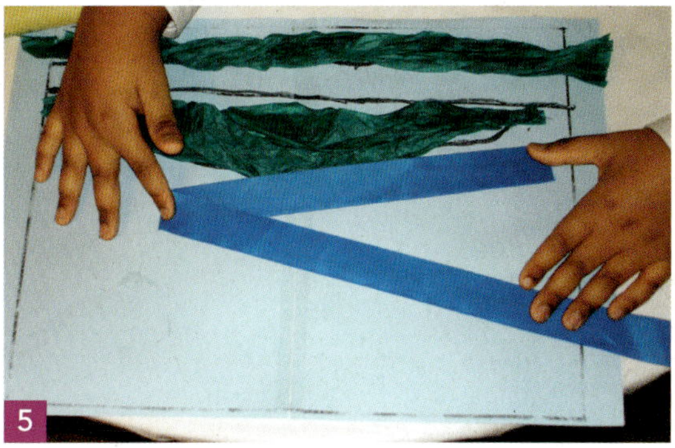
5

Fais le bilan

- Compare ton paysage avec celui de tes camarades.
- Sur ton cahier, écris les phrases qui conviennent en utilisant les groupes de mots suivants :

Chez Kari,		*tient très peu de place.*
Chez Bachar,	*la végétation*	*longe la rivière.*
Chez Yoko,		*occupe presque toute la place.*

- Recommence en remplaçant *la végétation* par *les maisons*. Que remarques-tu ?

- Regarde bien la maison de Bachar. Elle nous donne des indices sur sa vie. Explique ces indices en utilisant des éléments du paysage (photo 2).
- Fais le même travail pour Yoko et Kari et pour ta maison.

des toits plats
une cour pour les hommes
des animaux dans une cour
des petites fenêtres

6

La maison de Bachar.

59 À quoi servent les cartes ?

▶ Qu'est-ce qu'une carte ?

Benjamin a représenté la Terre.

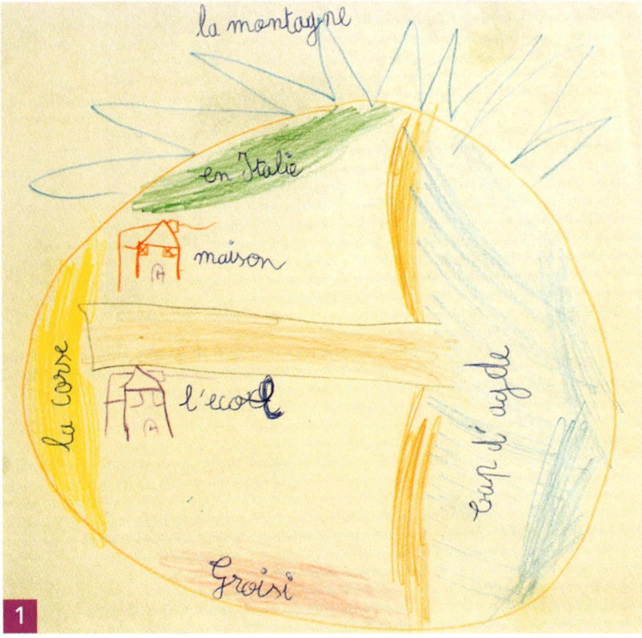

1

À ton avis

■ Comment voit-on la Terre depuis l'espace ?
Est-ce que l'on voit tout ce que Benjamin a dessiné ?

Sais-tu que…

On envoie dans l'espace des satellites qui permettent d'observer la Terre de très, très loin.

2 *Photo satellite de la Terre.*

À toi de chercher

■ Compare la photo 2 et le dessin de Benjamin. Quelles sont les différences ? Explique ses erreurs.

■ Dans le manuel, cherche la carte de la Terre. Montre les continents et les océans.

■ Ceux qui ont fait cette carte ont ajouté des indications qu'on ne voit pas sur la photo satellite :
- des couleurs
- des lignes
- du texte

■ Montre ces informations sur la carte et trouve à quoi elles servent.

Fais le bilan

■ Qu'est-ce que c'est que « faire une carte » ?

Comment choisir une carte ?

À toi de chercher

■ Trouve dans ton livre des cartes ou des plans qui conviennent pour :
– trouver son chemin dans une ville,
– repérer un pays,
– situer les montagnes en France.

■ Laquelle de ces cartes représente l'espace le plus petit ? le plus grand ?

■ Recopie le tableau puis complète-le.

Sais-tu que...

Les hommes fabriquent toutes sortes de cartes.
Selon leurs besoins, ils choisissent de représenter la Terre en entier ou en partie.

Je cherche : →	*Je prends une carte qui couvre :*
une rue dans une ville	– ...
une montagne dans un pays	– ...
un pays dans un continent	– ...

Fais le bilan

■ Observe la photo 3.

■ Retrouve la France sur la photo satellite de la Terre (photo 2) et sur la carte page 116.

■ Quelle est la forme de la France ?
un triangle ? un hexagone ?

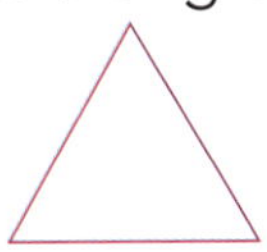

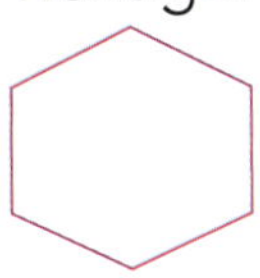

■ Regarde les cartes de France au début et à la fin du livre. À chaque fois, cherche ce que l'on apprend sur ta région.

■ Fais une carte qui représente là où tu habites.
– Décalque l'hexagone sur la carte à la fin du livre.
– En t'aidant de plusieurs cartes, choisis et dessine les informations qui te semblent utiles (contour de ta région, fleuve, mer, montagne, grande ville proche, etc.).

3 *Photo satellite de la France.*

60 Comment trouver son chemin avec un plan ?

Benjamin a une correspondante.
Elle habite en Gironde.
Elle s'appelle Maïté.
Elle lui envoie une lettre
pour l'inviter.

Bourg-sur-Gironde, le 2 janvier,

Cher Benjamin,
Je suis contente que tu viennes me voir.
Mon village te plaira : il est construit sur une falaise !
Avec le plan et l'itinéraire, tu trouveras ma maison :
- *Quand vous arrivez au lavoir, garez la voiture.*
- *Longez le lavoir à pied. Prenez la rue du Roc sur votre gauche : elle est bordée de jardins.*
- *Sur votre droite, prenez la ruelle qui monte. Il y a des escaliers. Elle traverse la falaise.*
- *Après la voûte, longez le syndicat d'initiative, le grand bâtiment avec un clocher.*
- *Au bout de la ruelle, tournez à droite. Vous arrivez sur la place de la Libération : elle est facile à reconnaître, il y a une halle. J'habite là, au-dessus du boulanger. A bientôt.*

Maïté

1

À ton avis

- Maïté a envoyé à Benjamin des photos de son village. Dis ce que tu vois. Aide-toi des indications de la lettre.
- Pourquoi Maïté a-t-elle choisi ces photos ? Benjamin va-t-il s'en servir ? Pour quoi faire ?

2

3

À toi de chercher

■ Benjamin est arrivé à Bourg-sur-Gironde.
Aide-le à trouver son chemin pour aller chez Maïté.

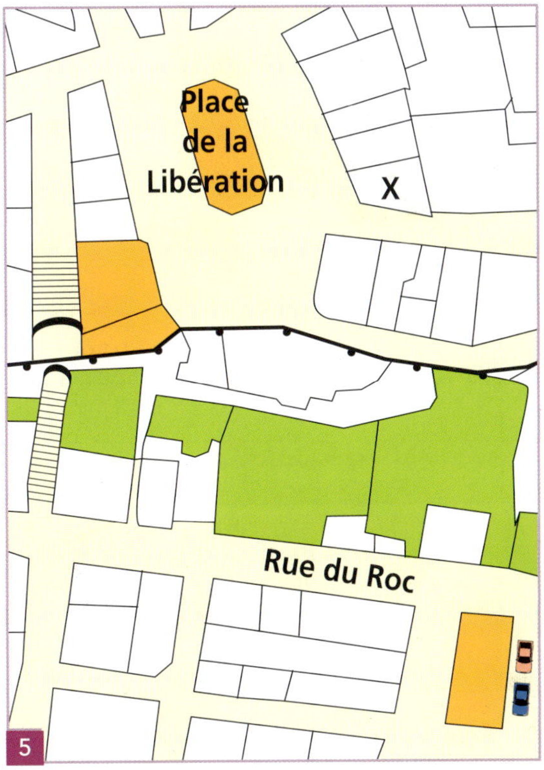

Plan de Maïté.

■ Sur la photo 4, trouve :
- la falaise
- les jardins
- la voûte
- le syndicat d'initiative
- le lavoir.

■ Montre ces **points de repère** sur le plan en t'aidant de la lettre de Maïté.

■ Mets un transparent sur le plan.
Trace l'itinéraire de Benjamin.

Fais le bilan

■ Dessine les codes que Maïté a choisis pour représenter :
- les maisons,
- sa maison,
- les bâtiments publics,
- les rues,
- la voûte,
- la falaise.

61 Comment fabriquer un plan ?

■ Voici le plan touristique de Bourg-sur-Gironde.

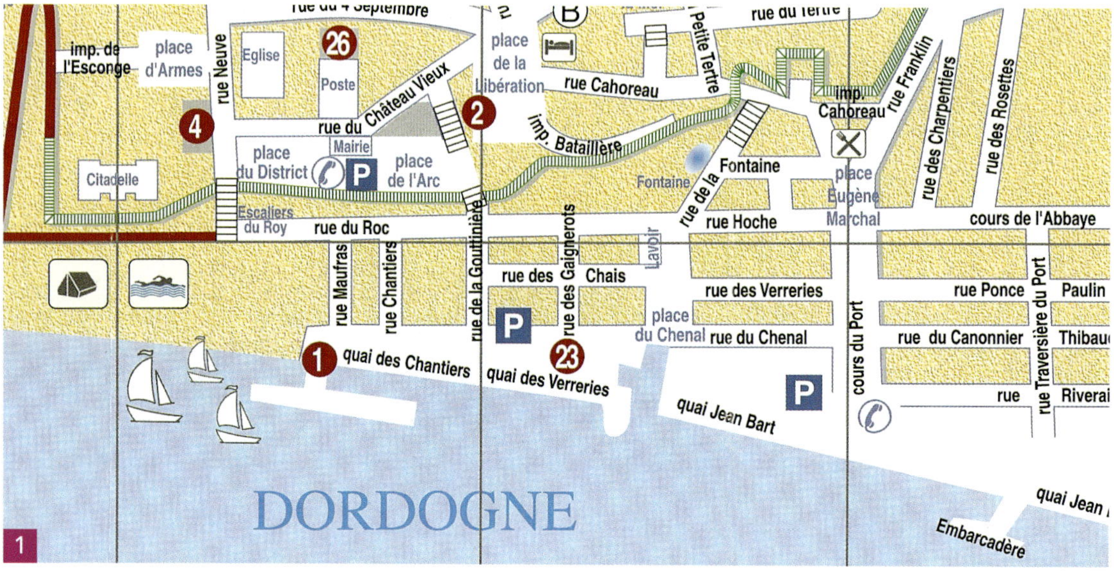

❶ halte nautique
❷ syndicat d'initiative
❹ château de la citadelle
㉓ club de voile

À ton avis

■ Pour qui ce plan a-t-il été fait ?

À toi de chercher

■ On voit beaucoup de symboles : montre-les et dis ce qu'ils indiquent.

■ Qu'indiquent les numéros dans les pastilles rouges ?

■ Recopie le tableau sur ton cahier :

	Le plan touristique	*Le plan de Maïté (p. 107)*
représente		
ne représente pas		

■ Complète-le avec les mots suivants :

la partie du village au bord de la Dordogne — *les informations utiles aux touristes* — *le quartier entre le lavoir et la place de la Libération* — *les maisons et les jardins* — *la falaise* — *les rues*

■ Un enfant a dessiné le plan de son quartier (document 3) pour indiquer comment aller de l'école jusqu'à la piscine.

2

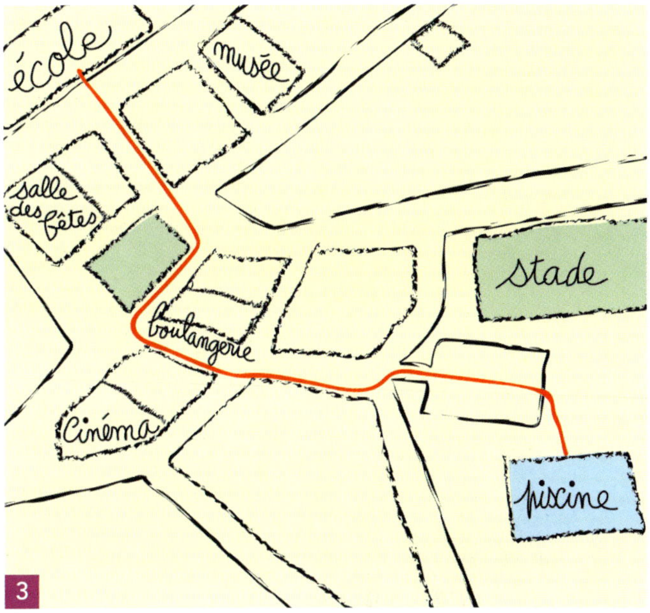

3

1. Observe le quartier où habite l'enfant (document 2).
Sur ce dessin, trouve tous les **points de repère** de la liste.

2. Observe le plan tracé par l'enfant (document 3).
Oralement, décris le chemin qu'il suit pour aller de l'école à la piscine.
Quels points de repère a-t-il oubliés sur son plan ?
Quels repères inutiles a-t-il mis ?

3. Décalque le plan.
Dessine un autre trajet possible pour aller de l'école à la piscine.
Sur des gommettes, écris le numéro des points de repère utiles pour ton trajet.
Colle ces gommettes sur le calque. Explique ton choix.

Points de repère

1. L'école
2. La piscine
3. Le stade
4. L'église
5. Le musée
6. Le jardin public
7. La mairie
8. Le cinéma
9. La salle des fêtes
10. La boulangerie

Fais le bilan

■ Réalise un plan qui représente ta classe ou ton école. Suis les étapes suivantes :

1. Pose-toi ces questions : pour quelles raisons vas-tu faire ce plan ? que vas-tu montrer ?
2. **Choisis l'espace** que tu veux représenter.
3. **Choisis les points de repère** utiles et des **codes** pour les représenter.
4. Fabrique une **légende**.

62 La campagne, qu'est-ce que c'est ?

Thomas, Kevin et Aurélie habitent à la campagne.
Leurs pères sont agriculteurs.

En Alsace, un village sur la route des vins.

Thomas

Kevin

Champs de céréales en Beauce.

Sur la carte de France de la couverture, trouve où habitent Thomas, Kevin et Aurélie. Retrouve leurs **régions** sur la carte des régions agricoles à la fin du livre.

Aurélie

Prairies d'élevage dans le Morvan.

À ton avis

■ Est-ce que les pères de Thomas, Kevin et Aurélie font le même métier ?

■ Sur ton cahier, dessine ce que tu manges et qui vient de leur travail. Complète tes idées en lisant l'enquête 52 p. 88.

■ Les hommes utilisent la terre pour cultiver des plantes et élever des animaux. Trouve des exemples de cultures et d'élevages.

■ Alors, la campagne, qu'est-ce que c'est ?

À toi de chercher

■ Les campagnes ne sont pas toutes pareilles. Trouve leurs différences en les fabriquant.

1. Prépare ton matériel.

2. Reproduis les trois paysages (photos 1, 2, 3).

Utilise du papier de soie pour les arbres.

4

À chaque fois, suis bien le guide de fabrication :

Pour faire →	les terres	les voies de communication	les maisons
Regarde bien →	– leur taille. – leur forme. – leur couleur. – leurs limites.	– leur nombre. – à quoi elles servent. – leur forme et là où elles passent.	– leur nombre. – leur place. – leur disposition (groupées ou dispersées).

Fais le bilan

■ Dicte à l'adulte un petit texte pour décrire chaque campagne. Montre bien les différences en utilisant les mots du guide de fabrication.

63 Que font les hommes en bord de mer ?

▶ Beaucoup de gens vivent en bord de mer

Léa, Yann et Agathe habitent le littoral.

Léa

1

Au premier plan, la plage et le port de plaisance du Havre en NORMANDIE. Au second plan, le port de commerce.

? À ton avis

- Est-ce que ces enfants habitent au même endroit ?
- Quel est leur point commun ?

Yann

2

Le port de pêche de Ploumanach en BRETAGNE.

Agathe

3

La plage de Saint-Raphaël sur la CÔTE D'AZUR.

À toi de chercher

■ Sur ton cahier, écris où habite chaque enfant.
Exemple : *Yann habite au bord de la Manche.*

■ En France, peut-on habiter au bord d'une autre mer ? Aide-toi de la carte page 116.

▶ La mer fait vivre les hommes

À toi de chercher

■ Pour trouver ce que font les hommes en bord de mer, regarde à nouveau les photos 1, 2 et 3.
1. Lis bien chaque légende.
2. Observe la ligne qui sépare la mer de la terre.

Dès que tu trouves une idée de métier, note-la sur une étiquette.

■ Observe les photos 4, 5 et 6 et complète ta liste (écris un métier par étiquette).

4 *Sur le chantier naval, les ouvriers réparent un cargo.*

5 *Le restaurateur montre le homard qu'il va servir à ses clients.*

6 *Dans les marais salants, le paludier récolte le sel.*

Fais le bilan

■ Avec tes camarades, fabriquez trois affiches.
Répartissez les noms de métiers que vous avez trouvés sur ces trois affiches :

En bord de mer
- *Les hommes accueillent des personnes.*
- *Les hommes reçoivent, conservent et renvoient des marchandises.*
- *Les hommes exploitent et transforment les produits de la mer.*

64 À quoi sert la ville ?

À ton avis

À quoi sert la ville ? Écris tes idées sur ton cahier. Pour répondre, pense à ce que tu fais en ville ou à ce que les personnes de ta famille vont faire en ville.

La ville de Clermont-Ferrand.

Un centre commercial à Lille.

Un hôpital à Paris.

À toi de chercher

■ Complète tes idées en t'aidant des photos 1, 2 et 3 et en discutant avec tes camarades.

Sur ton cahier, recopie le nom de ces services et ce qu'ils veulent dire :

Le commerce	*L'éducation*	*Les loisirs*	*La santé*
On apprend.	*On se soigne.*	*On achète.*	*On se détend.*

■ Classe les idées que tu avais trouvées dans ces quatre familles de service, quand c'est possible.

■ Dans quelle ville se trouve ce bâtiment (photo 4) ? Pourquoi y a-t-il un drapeau dessus ? Que fait-on à l'intérieur ?

4

À Paris, le président de la République habite à l'Élysée.

Sais-tu que...

- Chaque pays a une capitale : une ville très importante où se trouvent ceux qui dirigent le pays. Paris est la capitale de la France.
- Le pays est partagé en territoires : les régions et les départements, qui ont chacun leur capitale.

Fais le bilan

5

■ Observe ce dessin de ville. Essaie de trouver à quoi servent les bâtiments.

■ Décalque le contour des bâtiments. Colorie-les selon les indications de la légende.

■ Sur la carte de France au début de ton livre, retrouve les villes importantes de ta région, de ton département.

Document

LE MONDE

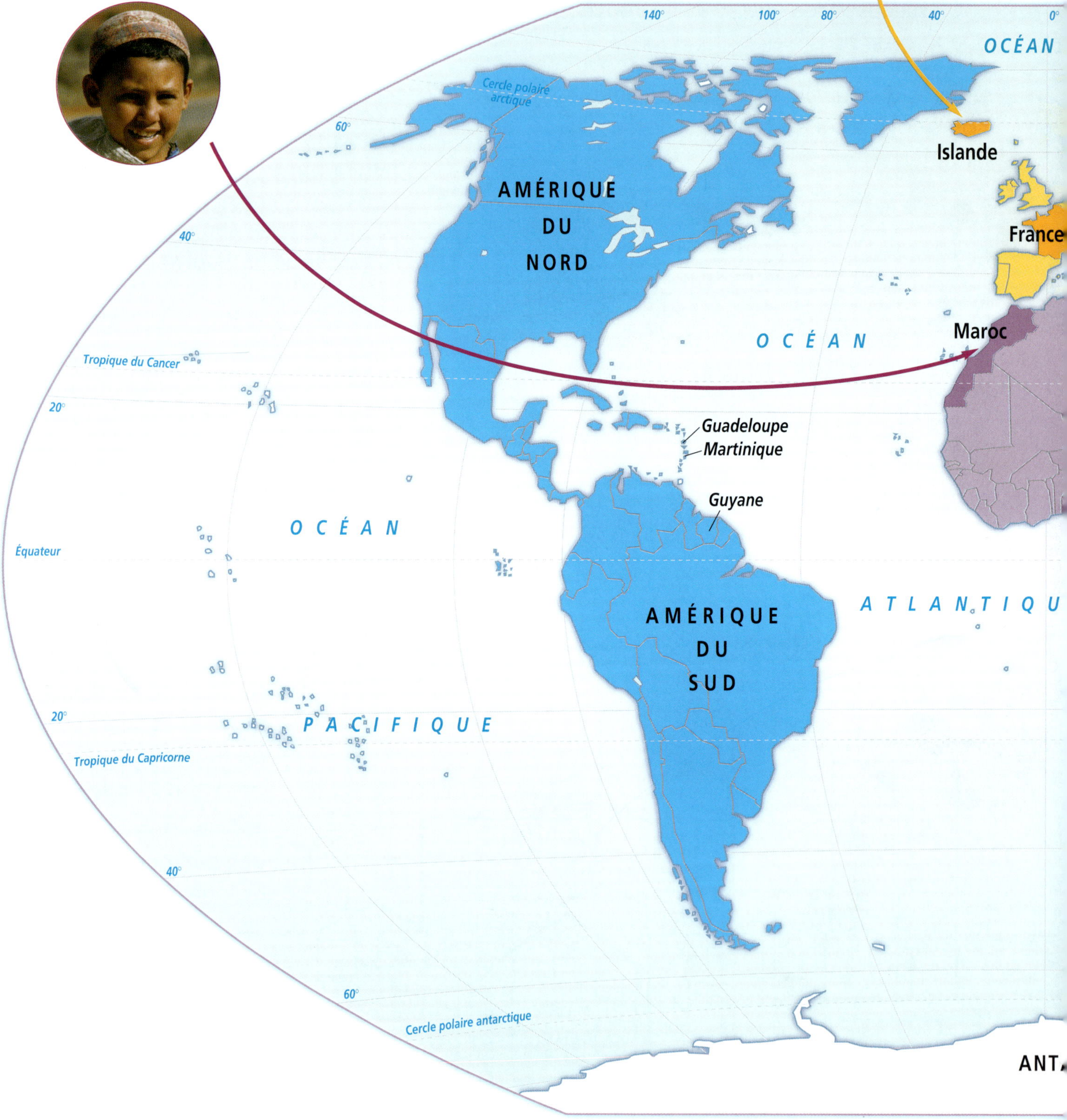

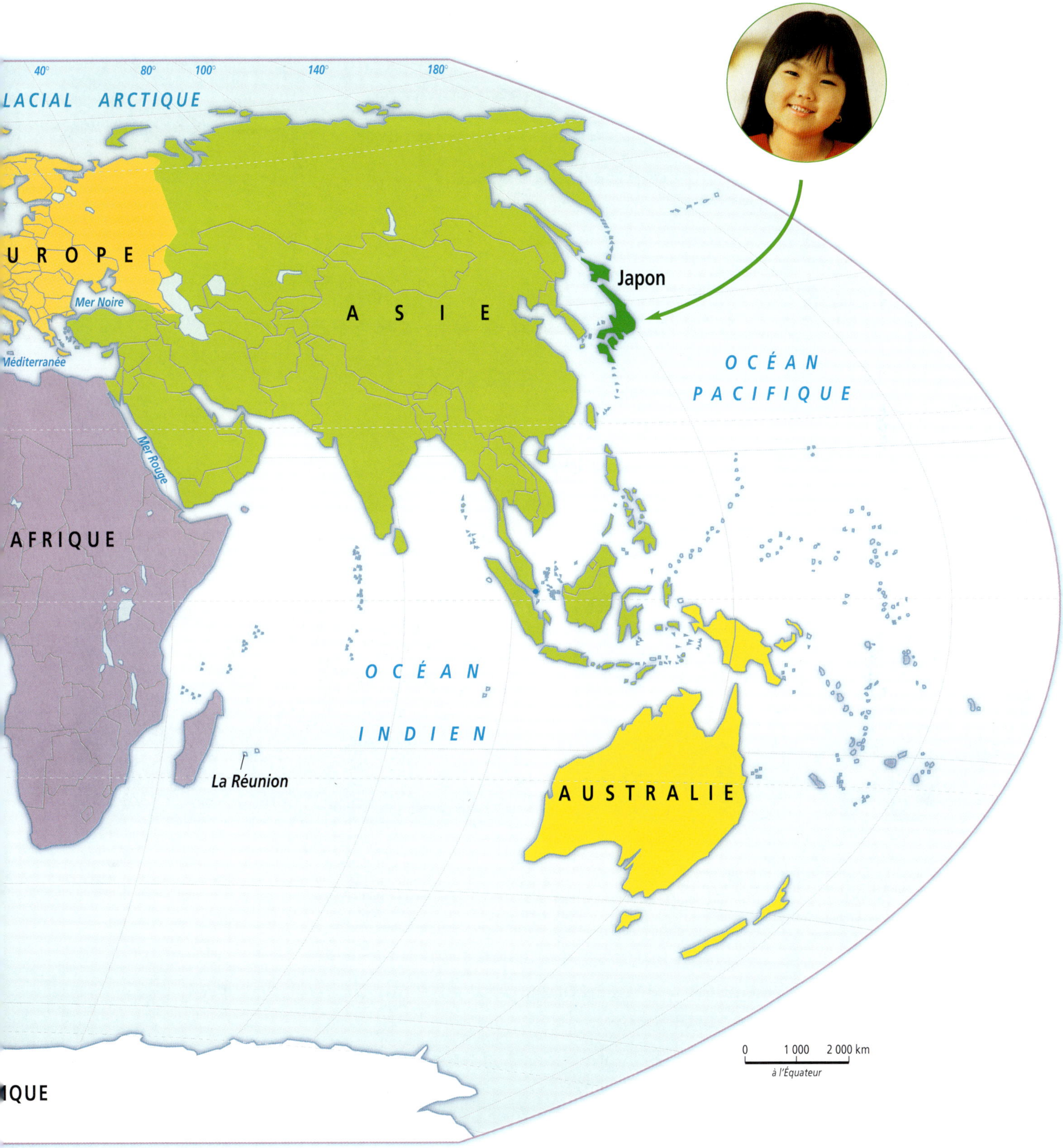
40°
80°
100°
140°
180°
LACIAL ARCTIQUE
UROPE
Mer Noire
Méditerranée
ASIE
Japon
OCÉAN PACIFIQUE
Mer Rouge
AFRIQUE
OCÉAN INDIEN
La Réunion
AUSTRALIE
IQUE
0 1 000 2 000 km
à l'Équateur

Je comprends mieux…

J'ai appris que…

● ENQUÊTES 54 ET 55

- Les hommes fabriquent toutes sortes d'images de la Terre.

  ▷ Retrouve plusieurs sortes d'images de la Terre dans ton livre.

- Les images ne représentent qu'une partie d'espace.
  Elles ne disent pas tout.

J'ai appris à lire une photo de paysage

● ENQUÊTES 56 À 58

JE CHERCHE CE QUE MONTRE LA PHOTO

- Je regarde :
  – le **titre** et la **légende** qui l'accompagnent,
  – une **carte** qui indique où se trouve le paysage.

1

2

▷ Retrouve ces photos dans ton livre.
Explique ce qu'elles montrent après avoir cherché les informations utiles.

SUR LA PHOTO, JE RELÈVE DES INDICES DE LA VIE DES HOMMES

- Je « découpe » le paysage en grandes zones pour être sûr de tout observer.
- Je repère les éléments importants.

  ▷ À la fin de l'enquête 57, retrouve les informations qu'il faut chercher pour lire un paysage.

J'EXPLIQUE CE QUE J'AI OBSERVÉ

- en utilisant toutes les informations de la photo.
- en observant d'autres documents, des cartes par exemple.

J'ai appris à trouver des informations sur une carte ou un plan

● ENQUÊTES 58 À 62

- Sur les cartes et les plans, on **représente** la Terre et les activités des hommes à l'aide de **symboles**.
- La **légende** explique ce que veulent dire ces symboles.

▷ Regarde les légendes des cartes : quelles informations donnent-elles ?

En utilisant ce que j'ai appris, je peux décoder des informations nouvelles

● ENQUÊTES 62 À 64

Tu sais…	Explique
● ENQUÊTE 63 ■ **Tu sais que** les hommes du littoral exploitent les produits de la mer. ■ **Tu sais trouver** ce que montre une photo en lisant sa légende et en regardant une carte.	▶ Que font ces femmes ? D'où viennent les poissons ? Que vont-ils devenir ?  *Une conserverie de poisson en Bretagne.* 2
● ENQUÊTES 62 ET 64 ■ **Tu sais que :** – à la campagne, on utilise la terre pour cultiver des plantes ou élever des animaux ; – dans chaque région, on trouve des villes importantes. Ces villes attirent les gens des campagnes et des villes environnantes. ■ **Tu sais lire** une photo de paysage.	Notre vin est très connu et la vigne occupe une grande place. Pourtant, il y a peu de vignerons. Beaucoup de gens habitent le village et travaillent en ville, à Colmar ou à Strasbourg. ▶ Qui parle ? (Tu retrouveras cet enfant à l'enquête 62.) ▶ Explique comment tu as trouvé.

65 Quelles sont les fêtes de notre calendrier ?

À ton avis

- Quelles sont les fêtes que tu connais ?
- Discute avec tes camarades et donne tes idées à ton maître.

À toi de chercher

1

2

Fête nationale du 14 Juillet.

3

Sais-tu que…

Généralement, on ne travaille pas les jours de fêtes de notre calendrier.
Ce sont des jours **fériés**.

- Sur ton cahier, classe les photos de fêtes en deux colonnes : *les fêtes de famille* et *les fêtes du calendrier.*
- Trouve d'autres fêtes à l'aide d'un calendrier.
- Écris leur nom sur des Post-it avec la date.

■ Voici d'autres photos. Retrouve ces fêtes dans le calendrier.

4

5

6

7

■ Reprends les Post-it que tu as préparés page 120 et colle-les sur les bonnes photos.
Discute avec tes camarades pour vérifier.

■ Renseigne-toi pour savoir ce que l'on fête ces jours-là.

Le calendrier indique les mois, les jours de la semaine et les fêtes ; il permet de se repérer dans l'année.

Fais le bilan

■ Avec l'aide de ton maître, récapitule ce que tes camarades et toi avez trouvé.

■ Recopie le tableau sur ton cahier et complète-le.

Fêtes religieuses	*Fêtes non religieuses*

66 Quelles sont les fêtes préférées de Sarah et Karim ?

À ton avis

■ À quoi vois-tu sur ces images qu'il s'agit de fêtes ?

1 *Fête de la fin du ramadan.*

2 *Fête de Hanouka.*

■ Qu'est-ce qui t'étonne sur les photos 1 et 2 ?

À toi de chercher

Sarah et Benjamin sont de religion juive. En décembre, ils allument les bougies de la *hanoukia* (un chandelier spécial). Pendant l'allumage, ils chantent avec leur famille. C'est au moment de cette fête que Sarah et Benjamin peuvent recevoir des jouets et des cadeaux.

3

Chaque année, pendant le mois de ramadan, les musulmans ne mangent pas et ne boivent pas depuis l'aube jusqu'au coucher du soleil. La fin du ramadan est un jour de fête appelé *Aïd al-Fitr*. Ce jour-là, Karim et Leïla donnent et reçoivent des cadeaux.

4

D'après Monique Gilbert, *Il était plusieurs « foi », pour répondre aux questions des enfants sur les religions*, Albin Michel, 2004.

■ Fais correspondre chaque texte avec la bonne photo.

■ Repère dans chaque texte le mot qui indique la religion des enfants.

Sais-tu que...

Les chrétiens, les musulmans et les juifs croient au même Dieu mais ils l'appellent différemment. Il y a aussi des gens qui ne croient en aucun Dieu.

Voici une partie du mois de novembre 2004 dans deux calendriers différents :

Novembre 2004

Lundi	Mardi	Mercredi	Jeudi	Vendredi	Samedi	Dimanche
1	2	3	4	5	6	7
8	9	10	11	12	13	14

Ramadan 1425

Dimanche الأحد	Samedi السبت	Vendredi الجمعة	Jeudi الخميس	Mercredi الأربعاء	Mardi الاثنين	Lundi الاثنين
7	6	5	4	3	2	1
14	13	12	11	10	9	8

À quoi reconnais-tu le calendrier musulman ? Quelles différences vois-tu avec notre calendrier ?

Écris la date suivante à la façon de notre calendrier : *12 ramadan 1425.*

Écris la date suivante à la façon du calendrier musulman : *samedi 6 novembre 2004.*

Repère sur le calendrier juif (document 5) la fête de Hanouka (photo 2).

DECEMBRE 2004

Kislev כסלו • Tévèt טבת

Me 1			18	יח
Je 2			19	יט
Ve 3	16h37		20	כ
Sa 4	17h45, Vayéchèv	וישב	21	כא
Di 5	Le soir : Tal Oumatar		22	כב
Lu 6			23	כג
Ma 7	Veille de ‘Hanouka	ה' דחנוכה	24	כד
Me 8	1er jour de ‘Hanouka	א' דחנוכה	25	כה
Je 9	2e jour de ‘Hanouka	ב' דחנוכה	26	כו
Ve 10	16h35, 3e jour de ‘Hanouka	ג' דחנוכה	27	כז
Sa 11	17h45, Mikèts, Bénédiction du mois, 4e jour de ‘Hanouka	מקץ, מבה"ח ד' דחנוכה	28	כח
Di 12	5e jour de ‘Hanouka	ה' דחנוכה	29	כט
Lu 13	Roch ‘Hodèch, 6e j.‘Hanouka	ראש חודש ו' דחנוכה	1	א
Ma 14	7e jour de ‘Hanouka	ז' דחנוכה	2	ב
Me 15	8e jour de ‘Hanouka	ח' דחנוכה	3	ג

5

heure d'allumage des bougies

Fais le bilan

Sur ton cahier, fais une phrase pour dire quels sont les calendriers que tu connais maintenant.

Pour chaque calendrier, écris ce qui t'a étonné.

Sais-tu que...

Le calendrier musulman est écrit en arabe, le calendrier juif en hébreu. En Chine, les années portent le nom d'animaux réels (l'année du tigre, par exemple) ou imaginaires (l'année du dragon).

67 Comment construire son ruban de vie ?

1

À ton avis

- Dans quelle classe est Benjamin ?
- Quel âge a-t-il ?
- Explique comment tu le sais.

À toi de chercher

- Benjamin veut construire son ruban de vie.
Son âge est égal au nombre de carreaux.

Ⓐ 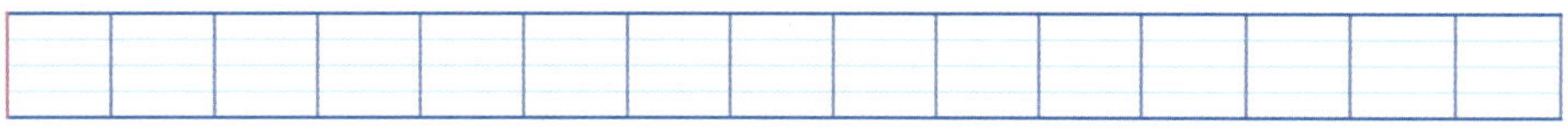

Ⓑ 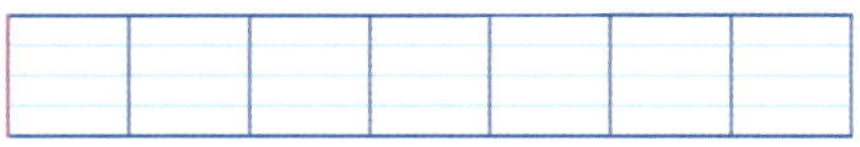

Ⓒ 

Ⓓ 

Ⓔ 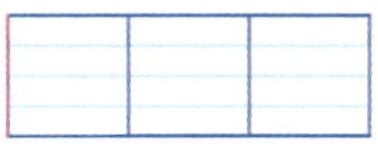

Lequel de ces rubans est juste ?

Explique comment tu le sais.

- À toi de construire le ruban de vie de Benjamin.

■ Voici des photos de Benjamin :

■ Écris les légendes suivantes sur des Post-it :

Benjamin à 1 an *Benjamin à 4 ans* *Benjamin à 6 ans*

Place-les sous les bonnes photos. Explique comment tu le sais.

■ Écris le numéro des photos à l'endroit qui convient sur le ruban de vie de Benjamin.

■ Des élèves ont placé leurs rubans de vie sur une ligne du temps :

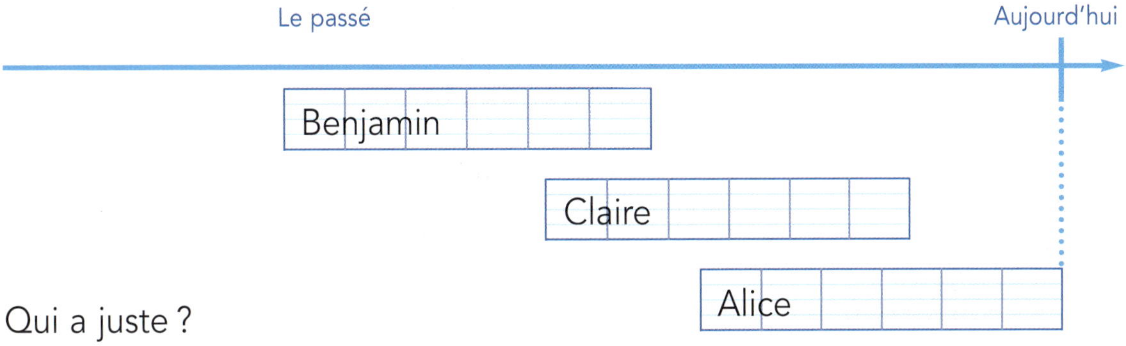

Qui a juste ?

Qui s'est trompé ?

Explique comment tu le sais.

Fais le bilan

■ Colle des photos de toi dans ton cahier.
Donne un numéro à chaque photo.

■ Construis ton ruban de vie.

■ Écris le numéro de chaque photo à l'endroit qui convient sur ton ruban de vie.

■ Avec tes camarades, placez vos rubans de vie au tableau, en dessous d'une ligne du temps. Que remarques-tu ?

68 Et si tu construisais les rubans de vie de tes parents ?

La mère de Benjamin à 35 ans.

À ton avis

- Combien de carreaux faut-il pour construire le ruban de vie de la mère de Benjamin ?
- Construis-le.

À toi de chercher

1. Peux-tu aider Benjamin ?

La mère de Benjamin à 10 ans.

La mère de Benjamin à 20 ans.

- Place les numéros des photos sur le ruban de vie de la mère de Benjamin.
- Comment as-tu fait ?

■ Benjamin hésite. Il ne sait pas comment placer son ruban de vie et celui de sa maman en dessous de la ligne du temps :

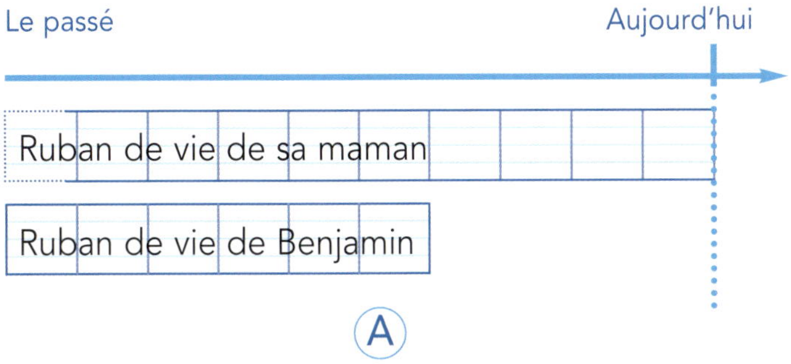

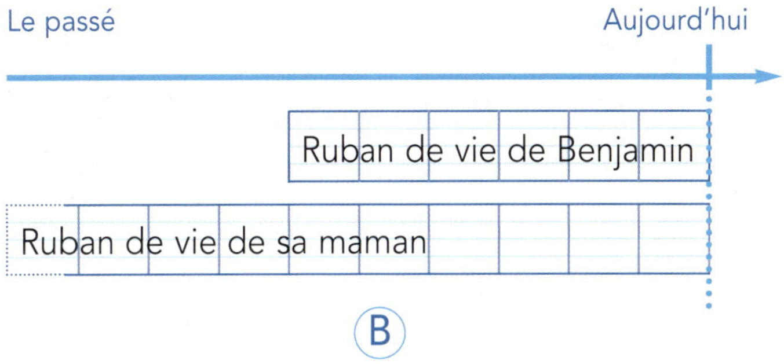

■ Aide-le à choisir. Explique comment tu as fait.

2. À toi d'essayer

■ Demande à tes parents leur âge et leur année de naissance. Construis leur ruban de vie.

■ Que montrent ces photos ? Aide-toi des légendes.

1969 : pour la première fois, l'homme marche sur la Lune.

1er janvier 2002 : l'euro devient la monnaie européenne.

■ Écris le numéro des photos sur des Post-it puis place-les au bon endroit sur une ligne du temps.

■ Quel(s) événement(s) historique(s) tes parents et toi avez vécu(s) ?

Fais le bilan

■ Au tableau, affiche les rubans de vie de tes parents avec ceux de tes camarades en dessous d'une ligne du temps.
Que remarques-tu ?

Sais-tu que…

Les personnes qui ont le même âge forment une génération. Elles vivent donc les mêmes événements historiques.

69 Une grand-mère raconte le passé

Julie

la grand-mère de Julie

Groisy, le 20 février

Ma chère petite Julie,

C'est avec un grand plaisir que je réponds à ta très jolie lettre.

Quand nous avions ton âge, Papounet et moi-même, nous vivions à la campagne, dans une ferme.

Il n'y avait pas de réfrigérateur ni de congélateur, pas de four électrique, pas de lave-linge ni de lave-vaisselle, pas de télévision mais un poste de radio (T.S.F.).

La cafetière électrique n'existait pas et nous avions un moulin à café pour moudre le café en grains. Pour l'utiliser, il fallait être assis, on le coinçait entre nos genoux et on tournait la manivelle pour actionner le broyeur.

La lessive était un travail bien pénible. Il fallait faire tremper le linge, le frotter ensuite au savon de Marseille, sur une grande planche qui était posée dans une bassine, ou directement au bord de la rivière.

Pour le repassage, un fer en fonte était tout le temps posé sur le fourneau. Il était donc toujours chaud.

J'espère t'avoir apporté quelques renseignements pour préparer votre exposition, Papounet se joint à moi pour t'embrasser bien fort et te souhaiter un bon travail.

Mamounette

À ton avis

- Quelles questions Julie a-t-elle posées à sa grand-mère ?

À toi de chercher

- Reconnais-tu les objets dont parle la grand-mère de Julie dans sa lettre ?

1

2

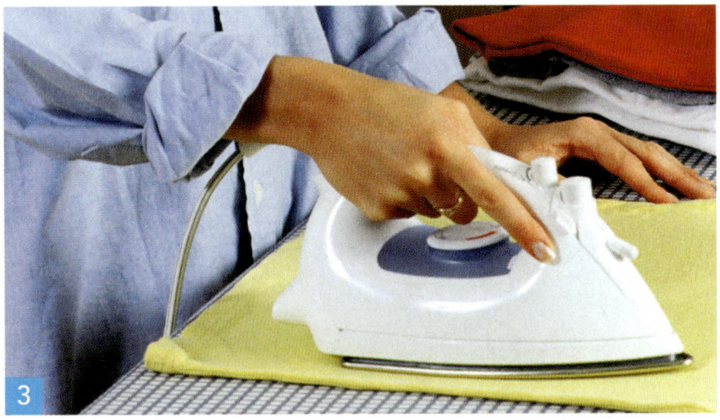
3

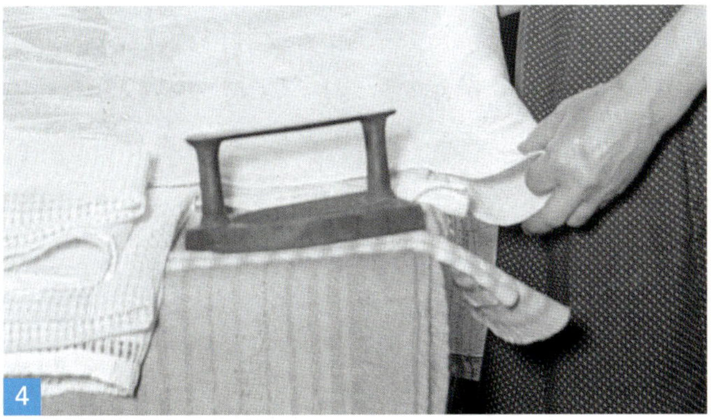
4

- Trouve un titre pour chaque photo.
- Écris-le sur un Post-it puis colle-le sous la bonne photo.

Fais le bilan

- Retrouve le nom d'autres objets dans la lettre de la grand-mère de Julie.
- Écris-les dans ton cahier en faisant des phrases :
  – *La grand-mère de Julie avait…*
  – *La grand-mère de Julie n'avait pas…*

LANGUE

- Cherche des objets du passé.
- Écris leur nom sur des étiquettes et expose-les dans la classe.
- Demande à tes grands-parents comment ils vivaient quand ils étaient enfants.

70 Comment faire pour retrouver le passé ?

À ton avis

1

- Qu'est-ce que c'est ?
- Discute avec tes camarades et donne tes idées à ton maître.

Sais-tu que…

Pour reconstituer le passé, on a besoin de documents. Il existe plusieurs types de documents : des textes, des objets, des photos, des monuments.

À toi de chercher

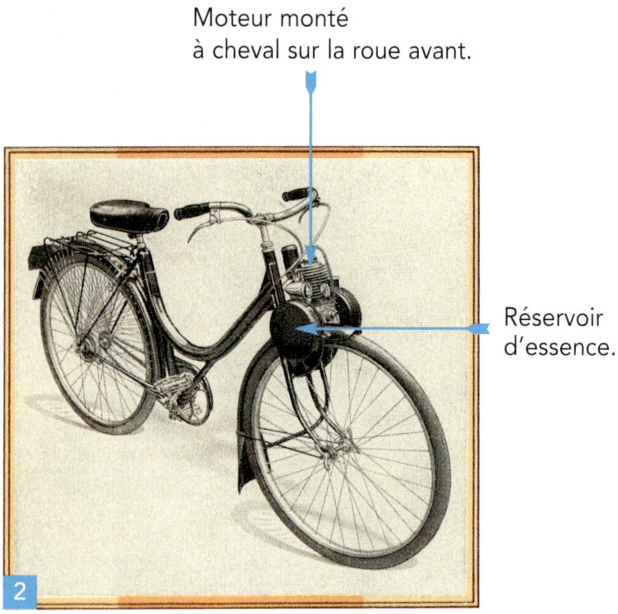

2

- Cette « bicyclette à moteur » s'appelle un Vélosolex.
Sers-toi du dessin 2 pour chercher comment elle fonctionne.

3

- Repère le Vélosolex sur cette photo.
- À quoi vois-tu que c'est une photo du passé ?
Écris tes réponses sur ton cahier.

▶ Au temps du Vélosolex…

■ C'était quand, le temps du Vélosolex ?
Deux documents te permettent de répondre.

4

5

6 Richard était ouvrier. Il a commencé à travailler à l'âge de 14 ans. « C'est vers 1960 que j'ai senti ma situation s'améliorer », dit-il. Cette année-là, Richard touche 743 francs par mois et fête un grand événement, sa première voiture, une 2 CV, achetée d'occasion, à crédit, 3 000 francs. Le frigo et la télé viennent aussi à cette époque.

D'après Beaudeux, « Demain la France (1945-1985) », numéro spécial de *L'Expansion*, octobre-novembre 1985.

7

✎ Les documents parlent de ce qui est nouveau à cette époque. Fais-en la liste sur ton cahier.

■ Qu'est-ce que le document 6 t'apprend de plus ?

Fais le bilan

■ Les documents représentés par les images 1 à 7 sont : *un texte, un objet, une photo ancienne, un dessin, une affiche.* Écris ces mots sur des Post-it puis colle-les sous la bonne image.

✎ À l'aide des documents et de la liste que tu as faite, écris un texte qui explique ce qui était différent au temps du Vélosolex par rapport à notre vie d'aujourd'hui.

71 Partons sur les traces d'une petite fille d'autrefois...

Voici un document trouvé dans une maison ancienne :

1

À ton avis

■ Est-ce que ce document peut servir à retrouver le passé ? Pourquoi ? Discutes-en avec tes camarades et donne tes idées à ton maître.

À toi de chercher

■ Cherche à qui appartient ce cadre.

■ Que sais-tu de cette personne ?

■ Ce document s'appelle un abécédaire. Comprends-tu pourquoi ?

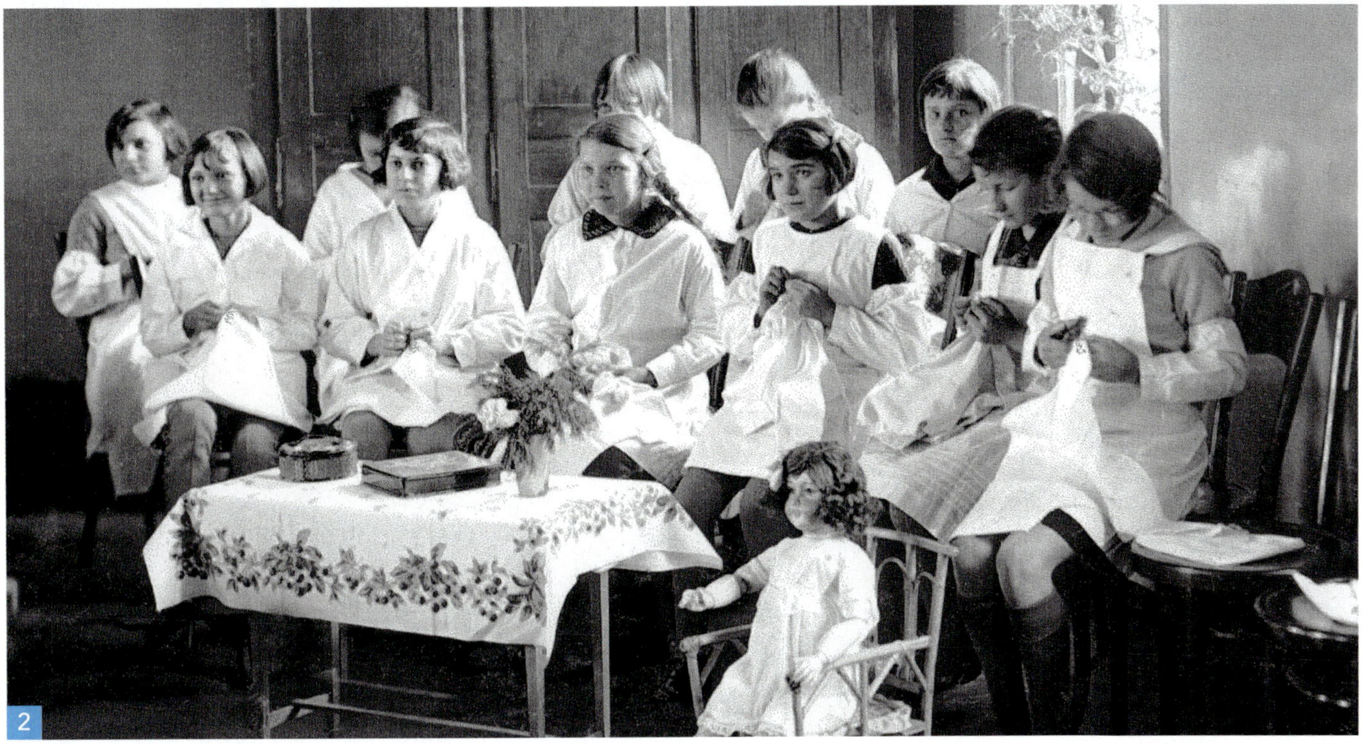

2

Classe de broderie dans les années 1900.

3

Leçon de lecture dans les années 1900.

- D'après ces photos, qu'est-ce que les élèves apprenaient à l'école ?
- À l'aide du document 2, explique comment Hélène a fabriqué son abécédaire.
- Observe sur le document 3 comment la maîtresse apprenait à lire aux élèves. Quelles différences remarques-tu avec la façon dont, toi, tu apprends à lire ?

Fais le bilan

- Fais la liste de ce que tu as découvert sur le personnage de l'abécédaire.

72 Comment vivait-on autrefois dans le village d'Hélène ?

Voici une photo ancienne du village dans lequel vivait Hélène Missillier, la petite fille de l'abécédaire (page 132).

1

Le Grand-Bornand vers 1920.

À ton avis

- Quels étaient les métiers des habitants ?
- Qu'est-ce qui te permet de le savoir sur la photo ?
- Écris tes idées puis discutes-en avec tes camarades.

À toi de chercher

2

3

4

5

- Que font les personnages ? Donne un titre à chaque photo.
- À part les travaux des champs, quelles autres activités existaient à la campagne ?

Fais le bilan

- Relis les idées que tu avais imaginées en observant la photo 1 et complète le tableau :

Ce que j'avais imaginé	*Ce que les documents m'apprennent*

- Cherche toi aussi des photos anciennes de ta ville ou de ton village.

Sais-tu que...

Le forgeron (photo 4), le cordonnier ou le menuisier sont des artisans.

73 Qu'est devenu le village de montagne ?

Le Grand-Bornand aujourd'hui.

À ton avis

- Reconnais-tu ce village ?
- Comment as-tu fait ?

À toi de chercher

Sur ton cahier, écris les changements que tu vois entre la photo d'aujourd'hui et celle d'autrefois. Pour t'aider, demande à ton voisin d'ouvrir son livre à la page 134.

2

3

4

■ Sur ton cahier, fais la liste des activités au Grand-Bornand aujourd'hui.
Précise à chaque fois dans quel document tu as trouvé l'information.

■ En une ou deux phrases, explique pourquoi il y a maintenant plus d'habitants qu'au temps d'Hélène.

Fais le bilan

■ Recopie le tableau puis complète-le.

■ Cherche sur les cartes de France au début de ton livre où se situent les Alpes et le village d'Hélène.

Sais-tu que...

Les villages de montagne (comme Le Grand-Bornand dans les Alpes), ne vivent plus seulement de l'agriculture (les travaux des champs). Aujourd'hui le tourisme (les activités de vacances) donne beaucoup de travail.

Le village d'Hélène quand elle était petite fille	*Son village aujourd'hui*

74 Comment se faisait le travail dans les champs ?

Voici comment aujourd'hui les hommes récoltent le foin :

1 *Couper l'herbe.*

2 *L'étaler pour la faire sécher.*

3 *En faire des bottes.*

4 *Ramasser les bottes de foin.*

À ton avis

- Est-ce que le travail des champs se faisait de la même manière autrefois ?

Écris sur ton cahier :
– ce qui était pareil ;
– ce qui était différent.

À toi de chercher

- Observe cette photo ancienne.

La récolte du foin vers 1900.

- Écris chaque action sur un Post-it :
couper, étaler, ramasser, faire des bottes.

- Colle chaque Post-it au bon endroit sur la photo.

- Écris sur ton cahier le nom de ces deux outils et, à côté, l'action qu'ils permettent de réaliser.
Sers-toi des verbes que tu viens d'utiliser.

LANGUE

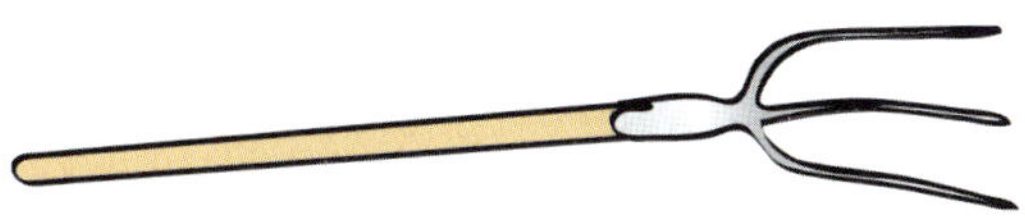

Fais le bilan

- Combien de personnes vois-tu sur la photo 5 ? Compare avec les photos 2 et 4.
Explique pourquoi ce n'est pas le même nombre.

- Relis les idées que tu avais trouvées (page 138).
Qu'est-ce que le document 5 t'a appris ?

75 Quel était le métier de Louis ?

1

« Le métier de **mineur** était très dur.
Il fallait descendre au fond de la **mine**.
Il faisait très chaud, plus de 40° C.
C'est là que se trouvait le **charbon**.
Il y avait beaucoup de bruit. »

À ton avis

- Quel était son métier ?
- Qu'est-ce qu'il allait chercher au fond de la mine ?
- Pourquoi le métier de Louis était-il très dur ?

Sais-tu que...

Les mineurs ne vivaient pas longtemps. Ils avaient une maladie due à la poussière de charbon qui attaquait les poumons : la silicose.

À toi de chercher

1. À quoi servait le charbon ?

2

3

- Que font ces personnages ?
- À quoi servait le charbon ?

2. Comment Louis descendait-il au fond de la mine ?

4

Chevalet à Lens.

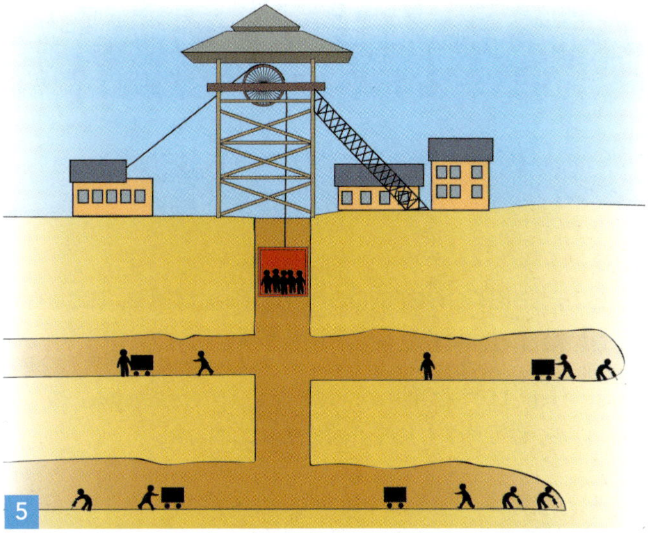
5

6

Mineurs dans la cage.

■ En t'aidant des photos 4 et 6 et du dessin 5, explique comment Louis descendait au fond de la mine.

7

3. Comment Louis faisait-il pour extraire le charbon ?

■ Observe la photo 7.

■ Écris les mots suivants sur des Post-it : *charbon, marteau-piqueur, lampe.*

■ Colle-les au bon endroit sur la photo.

Fais le bilan

LANGUE

■ Écris un texte qui explique le métier de Louis en utilisant les mots suivants : *mine, mineur, charbon.*

■ Louis habitait à Lens. Cherche cette ville sur la carte de France située au début du livre.

Je comprends mieux...

J'ai appris que...

● ENQUÊTES 65 ET 66

■ Les calendriers donnent la date, les mois, les jours de la semaine et indiquent aussi les fêtes.

▷ Sur ton cahier, donne un exemple d'une fête de famille, d'une fête religieuse et d'une fête non religieuse.

● ENQUÊTES 67 ET 68

■ Une génération est constituée de personnes qui ont à peu près le même âge et qui vivent les mêmes événements historiques.

▷ Retrouve l'événement historique que la génération de tes parents et ta génération ont connu.

● ENQUÊTES 69, 70, 71 ET 72

■ Pour reconstituer le passé, on peut interroger les parents et les grands-parents. Mais on a aussi besoin de documents, surtout quand on veut connaître un passé très ancien.

1 *Moisson vers 1900.*

2 *Forgerons en 1910.*

▷ À l'aide des documents 1 et 2, raconte ce que faisaient les hommes en ce temps-là.

● ENQUÊTES 72, 73 ET 74

■ Dans le passé, la plupart des hommes vivaient à la campagne, dans des fermes. Ils étaient agriculteurs. Il y avait aussi des artisans.
Aujourd'hui, le travail dans les champs se fait avec des machines.
Les villages ont bien changé.

▷ Retrouve les photos qui montrent comment le travail des champs a changé.
▷ Retrouve les photos qui montrent les changements à la montagne.

● ENQUÊTE 75

■ En France, certains métiers, comme celui de mineur, ont disparu.

▷ Explique quel était ce métier et pourquoi il était bien utile.

J'ai appris à me repérer dans le passé

3

1er janvier 2002 : l'euro devient la monnaie européenne.

4

1981 : François Mitterrand est élu président de la République.

5

Leçon de lecture en 1900.

SUR TON CAHIER

- Demande-toi si les documents parlent du passé et écris à quoi tu le vois.
- Range-les du plus ancien au plus récent. Utilise les numéros des photos.
- À l'aide des rubans de vie que tu as construits, dis s'ils parlent de ton temps, du temps de tes parents quand ils avaient ton âge ou d'un temps encore plus ancien.

J'ai appris à comparer deux époques différentes

6

Traite des vaches en 1970.

7

Traite des vaches en 2005.

SUR TON CAHIER

- Fais la liste de ce que t'apprennent les documents 6 et 7 (sur ce que font les personnages, sur l'endroit, sur les outils…).
- Repère ce qui est pareil et ce qui est différent.
- Fais une phrase pour expliquer ce qui a changé.

CRÉDITS PHOTOGRAPHIQUES : P. 8 : 1. © Sunset ; 2 à 8. Jean-Michel Rolando – **P. 10 :** 1 à 3. Jean-Michel Rolando – **P. 11 :** 1. © Whitewolf/Sipa ; 2. Jean-Michel Rolando ; 3. © Getty Images ; 4 et 5. Jean-Michel Rolando – **P. 12/13 :** 1. Jean-Michel Rolando ; 2. © Getty Images ; 4 et 5. Jean-Michel Rolando ; 6. © Hoa-Qui – **P. 14 :** 4 à 6. Jean-Michel Rolando – **P. 15 :** 1. © Geyres/Sipa – **P. 16/17 :** 1. © Getty Images ; 2. © Photononstop ; 3. Jean-Michel Rolando – **P. 18/19 :** 1. © Getty Images ; 2. © Whitewolf/Sipa ; 3. Jean-Michel Rolando – **P. 20/21 :** 1 à 4. Jean-Michel Rolando ; © Energizer – **P. 22 :** 1 à 3. J.-M. Rolando ; © Energizer– **P. 23 :** 1 à 3. Jean-Michel Rolando ; © Energizer – **P. 24 :** 1 à 4. Jean-Michel Rolando ; © Energizer – **P. 25 :** 1 à 4. Jean-Michel Rolando ; © Energizer – **P. 26/27 :** 1 à 3. Jean-Michel Rolando ; © Duracelle ; © Varta – **P. 28 :** 1 et 2. Jean-Michel Rolando ; © Duracelle – **P. 29 :** 1 à 3. Jean-Michel Rolando ; © Wonder ; © Energizer – **P. 30/31 :** 1 à 3. Jean-Michel Rolando ; © Energizer – **P. 32 :** 1. © John Henley/Corbis ; 2 à 4. Jean-Michel Rolando ; 5 et 6. © Getty Images – **P. 33 :** Jean-Michel Rolando – **P. 34 :** 1. © Getty Images ; 2. Jean-Michel Rolando – **P. 36/37 :** 1 à 3. Jean-Michel Rolando ; 5. © Hoa-Qui ; 6. © Bruno Barbey/Magnum – **P. 38 :** 2. Jean-Michel Rolando – **P. 39 :** 1 à 6. Jean-Michel Rolando – **P. 40 :** 1 à 4. Jean-Michel Rolando – **P. 41 :** 1 à 5. Jean-Michel Rolando – **P. 42/43 :** 4 et 5. Jean-Michel Rolando – **P. 44/45 :** 1 à 15. Jean-Michel Rolando – **P. 46/47 :** 1. Jean-Michel Rolando – **P. 48/49 :** 1. © Pierre Cheuva/ Photononstop ; 2 à 4. Marie-Laure Simonin – **P. 50/51 :** 1 à 5. Marie-Laure Simonin – **P. 52/53 :** 1 à 6, 9 et 10. Marie-Laure Simonin ; 8. © BSIP – **P. 54 :** 1. © Corbis – **P. 55 :** 1. © Marc Verpoorten/Reporters-Réa – **P. 56 :** 1. © Owen Franken/Corbis – **P. 57 :** 1. © Top/Rapho – **P. 60 :** 1 à 4. Marie-Laure Simonin – **P. 61 :** 1. © Chederros/Reporters-Réa ; 2 et 3. © James King-Holmes/SPL ; 4. © BSIP – **P. 62/63 :** 1 à 4. Marie-Laure Simonin ; 5. © Guy Sabattier – **P. 64/65 :** 1 à 3. Marie-Laure Simonin – **P. 70/71 :** Marie-Laure Simonin – **P. 72/73 :** 1 et 2. © Bios ; 3, 4, 6 et 7. Patrick Pommier ; 5. © N. et P. Mioulane/MAP – **P. 74/75 :** 1. © Bios ; 2. © Bios ; 3 à 8 et 10 : Marie-Laure Simonin ; 9. © Dominique Halleux/Bios ; 11. © Paul Nief/MAP – **P. 76 :** 3 et 4. Marie-Laure Simonin – **P. 77 :** 1 et 2. © Claudius Thiriet/Phone/Bios ; 3. Marie-Laure Simonin – **P. 78/79 :** 1. © Jardin des Renaudies, Matt Alexander/Bios ; 1a et b, 2a et 3. Marie-Laure Simonin ; 2. © Hoa-Qui – **P. 80/81 :** 1 à 3 et 6. Marie-Laure Simonin ; 4. © Hoa-Qui ; 5. © Bios – **P. 82/83 :** 1. © Marielle Bruno/Bios ; 2. © Jean-Michel Labat/Phone/Bios ; 3. © Taxi/Getty Images ; 4 à 6 et 8 à 10. © Hoa-Qui ; 7. © Claudius Thiriet/Phone/Bios – **P. 84/85 :** 2. © Michel Bureau/Bios ; 3. © Jean-Michel Labat/Phone/Bios ; 1. Patrick Pommier ; 4 à 8. Marie-Laure Simonin – **P. 89 :** 1. © FarmersTV ; 2. © Xavier Eichaker/Bios ; 3. © Denis Bringard/Bios – **P. 92/93 :** Patrick Pommier – **P. 94 :** 1, 3 et 4. Pascal Boyries ; 2. © Photononstop ; 5. © La ville d'Annecy – **P. 96/97 :** 1, 2 et 3. Sandrine lund ; 1a. Pascal Boyries ; 4. Martine Koné ; 2a. Hoa-Qui – **P. 98/99 :** 1a. Pascal Boyries ; 2. Sandrine lund ; 3 à 6. Martine Koné – **P. 100/101 :** Benjamin. Pascal Boyries ; Safia. © Hoa-Qui ; P. 101. Martine Koné – **P. 102/103 :** 1 à 3, 6. Pascal Boyries ; 4 et 5. Martine Koné ; Bachar. © Paul Almasy/Corbis ; Yoko. © Getty Images ; Kari. © Rapho – **P. 104/105 :** 2 et 3. © SPL/Cosmos – **P. 106/107 :** 1 à 3. © Clictout Dev ; 1a. © Getty Images ; 4. Pascal Boyries – **P. 108/109 :** 1. © Office de tourisme de Bourg-sur-Gironde – **P. 110/111 :** 1. © Claudius Thiriet/Altitude ; 1a. © Stone ; 2et 3. © Yann Arthus-Bertrand/Altitude ; 2a. © Photononstop ; 3a. © Willy de l'Horme/Photononstop ; 4. Martine Koné – **P. 112/113 :** 1 et 1a. © Yann Arthus-Bertrand/Altitude ; 1b. © Hoa-Qui ; 2. © Philipp Plisson ; 2a. DR ; 3. © Sunset ; 3a. © Béatrice Gallo ; 4. © Eckart Pott/Sunset ; 5. © Sunset ; 6. © Hoa-Qui – **P. 114/115 :** 1. © Hoa-Qui ; 2. © Gérard Guitto/Réa ; 3. © Marc Mellet – **P. 118/119 :** 1. © Sunset ; 2. © Yann Arthus-Bertrand/Altitude ; 3. © Jean-Claude Moschetti/Réa – **P. 120/121 :** 1. © Getty Images ; 2. © Alfred/Sipa ; 3. © Ariel Skelley/Corbis ; 4. © Paul Barton/Corbis ; 5. © Doisneau/Rapho ; 6. © S. Cagnon/Réa ; 7. © Rapho – **P. 122/123 :** 1. © Réa ; 2. © Roy Morsh/Corbis – **P. 124/125 :** 1 à 4. Pascal Boyries – **P. 126/127 :** 1. Pascal Boyries ; 2 et 3. Coll. privée Françoise Baizet-Boyries ; 4. © SPPL/Cosmos ; 5. © Argyropoulos/Sipa – **P. 128/129 :** Coll. privée famille Lombard ; 1. © Bettman/Corbis ; 2. © Rex interstock/Sunset ; 3. © Stéphane Leduc/Sunset ; 4. © Gérard Bloncourt/ Rue des Archives – **P. 130/131 :** 1 et 2. © Sylvie et Franck Méneret extrait du livre *Le vélosolex de mon père* de Sylvie et Franck Méneret, éditions ETAI. ; 3. © Robert Doisneau/Rapho ; 4. © Janine Niepce/Rapho ; 5 et 7. © Kharbine/Tapabor – **P. 132/133 :** 1. Hervé Laly (avec l'autorisation de la Maison du patrimoine du Grand-Bornand) ; 2. © INRP/Musée national de l'éducation, Rouen ; 3. © LL/Viollet – **P. 134/135 :** 1. © Roger-Viollet ; 2, 3 et 4. © Boyer/Roger-Viollet ; 5. © L'Illustration – **P. 136/137 :** 1 et 4. © Francedias ; 2. DR ; 3. © Rapho – **P. 138/139 :** 1. © FarmersTV ; 2 à 4. Jean-Michel Rolando ; 5. © L'Illustration – **P. 140/141 :** 1. © J. Pavlovsky/Rapho ; 2. © Corbis ; 3. © L'Illustration ; 4. © J.-P. Charbonnier/Rapho ; 6. © Centre historique minier de Lewarde ; 7. © Actualit/Rapho – **P. 142/143 :** 1. © L'Illustration ; 2. © Boyer/Roger-Viollet ; 3. © Argyropoulos/Sipa ; 4. © Documentation photographique/G. Freund ; 5. © LL/Viollet ; 6. © Gérard et Colette Bastard-Rosset

Couverture : Dominique Halleux/Bios ; Corbis – **Rabat de couverture :** Pascal Boyries ; Hoa-Qui ; Getty Images ; Stone, Photononstop ; Willy de l'Horme/Photononstop ; Hoa-Qui ; DR ; Coll. privée famille Lombard (Julie et Mamounette) ; J. Pavlovsky/Rapho

Édition : Anne Samain, Béatrice Gallo
Réalisation : Barbara Tamadonpour
Conception intérieure : Pascal Plottier
Couverture : conception graphique – François Roche, direction artistique – Martine Bayard
Illustrations : Jean-Louis Goussé
Illustrations grenouilles : Christine Ponchon
Illustrations p. 90/91 : Laurent Rullier

Iconographie : Maryvonne Bouraoui
Cartographie coordination : Marie-Christine Liennard
réalisation : Valérie Dohlen, Christel Parolini
Photogravure : Dupont Photogravure
Relecture : Lucie Martinet

© Éditions Magnard, 2005
20, rue Berbier du Mets – 75013 Paris

Aux termes du Code de la propriété intellectuelle, toute reproduction ou représentation intégrale ou partielle de la présente publication, faite par quelque procédé que ce soit (reprographie, microfilmage, scannérisation, numérisation...) sans le consentement de l'auteur ou de ses ayants droit ou ayants cause est illicite et constitue une contrefaçon sanctionnée par les articles L.335-2 et suivants du Code de la propriété intellectuelle.
L'autorisation d'effectuer des reproductions par reprographie doit être obtenue auprès du Centre Français d'exploitation du droit de Copie (CFC) – 20, rue des Grands-Augustins – 75006 PARIS – Tél. : 01 44 07 47 70 – Fax : 01 46 34 67 19.
Dèpôt légal: avril 2005 - N° d'éditeur: 2005/184
Achevé d'imprimer en avril 2005 par Eurografica (Vicenza - Italie)

La France : l'agriculture

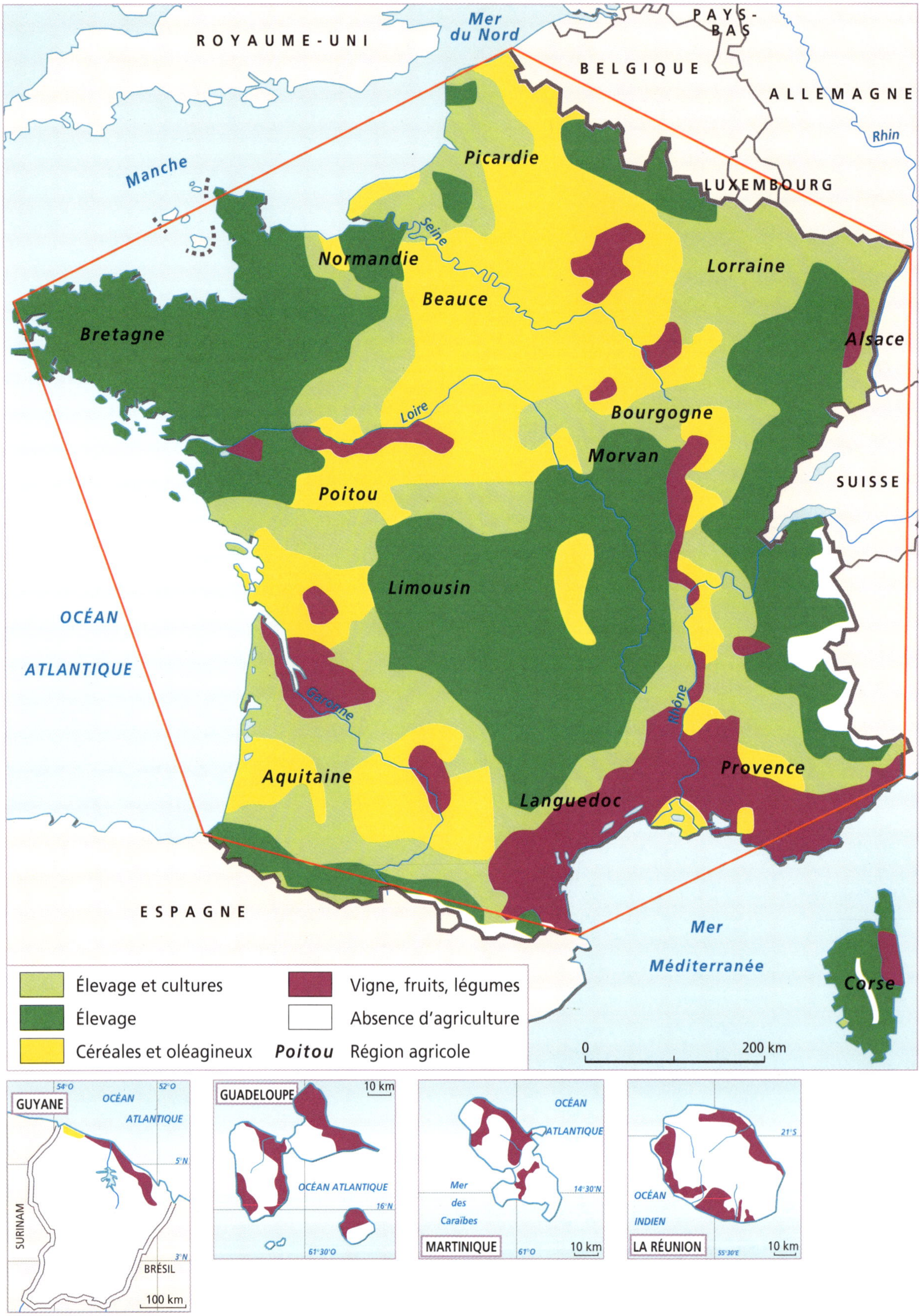